中国旅游发展年度报告书系
Annual Development Report of China's Tourism

# 中国旅游住宿业发展报告2017
——新思维 新模式 新格局

## CHINA LODGING INDUSTRY DEVELOPMENT REPORT 2017
—New Thinking  New Mode  New Pattern

中国旅游研究院

北京·旅游教育出版社

责任编辑：郭珍宏

**图书在版编目（CIP）数据**

中国旅游住宿业发展报告. 2017：新思维 新模式 新格局 / 中国旅游研究院著. -- 北京：旅游教育出版社，2017.10
ISBN 978-7-5637-3647-8

Ⅰ. ①中… Ⅱ. ①中… Ⅲ. ①旅馆—服务业—经济发展—研究报告—中国—2017 Ⅳ. ①F719.2

中国版本图书馆CIP数据核字(2017)第256294号

**中国旅游住宿业发展报告2017**
——新思维 新模式 新格局
中国旅游研究院 著

| 出版单位 | 旅游教育出版社 |
|---|---|
| 地　　址 | 北京市朝阳区定福庄南里1号 |
| 邮　　编 | 100024 |
| 发行电话 | （010）65778403　65728372　65767462（传真） |
| 本社网址 | www.tepcb.com |
| E - mail | tepfx@163.com |
| 排版单位 | 北京旅教文化传播有限公司 |
| 印刷单位 | 北京中科印刷有限公司 |
| 经销单位 | 新华书店 |
| 开　　本 | 787毫米×1092毫米　1/16 |
| 印　　张 | 6.5 |
| 字　　数 | 83千字 |
| 版　　次 | 2017年10月第1版 |
| 印　　次 | 2017年10月第1次印刷 |
| 定　　价 | 59.00元 |

（图书如有装订差错请与发行部联系）

## 《中国旅游住宿业发展报告 2017》编委会

**主任委员**

戴 斌

**编 委**（按姓氏音序排序）

戴 斌　蒋依依　李仲广　马仪亮　宋子千
唐晓云　吴丰林　吴 普　夏少颜　杨宏浩

## 《中国旅游住宿业发展报告 2017》编辑部

**主 编**

杨宏浩　中国旅游研究院产业所副所长　副研究员

**成 员**

李仲广　吴丽云　战冬梅　何琼峰　苏 娜
陈 刚　郑维佳　梁太鑫　赵子鹤　潘小其

# 目 录
## CONTENTS

**第一章　旅游住宿业边界与规模** ………………………………… 1
　一、住宿业态格局演化 …………………………………………… 2
　二、住宿业规模统计与测算 ……………………………………… 6
　三、住宿企业连锁化率 …………………………………………… 10

**第二章　住宿业收益与投资** ……………………………………… 19
　一、酒店业是个"好生意"还是"坏生意" …………………… 20
　二、星级饭店行业复苏 …………………………………………… 21
　三、酒店收益的区域性差异 ……………………………………… 24
　四、酒店收益的档次差异 ………………………………………… 26
　五、住宿项目投资及区位选择 …………………………………… 31

**第三章　发展模式：从市场思维转向资本思维** ………………… 39
　一、住宿企业集团发展模式核心因素 …………………………… 40
　二、酒店集团发展模式的演化 …………………………………… 46
　三、发展模式未来走向 …………………………………………… 48

**第四章　高新技术：让住宿业更智能高效** ……………………… 55
　一、生物识别技术应用 …………………………………………… 57
　二、人工智能技术的应用 ………………………………………… 58

三、大健康技术的应用……………………………………………………59
　　四、低碳环保技术应用……………………………………………………60
　　五、模块化建筑技术应用…………………………………………………62
　　六、区块链技术应用………………………………………………………64

## 第五章　产业格局：住宿分享经济将重构住宿产业格局……………………65
　　一、住宿分享经济的发展…………………………………………………66
　　二、新的住宿分享平台不断涌现…………………………………………68
　　三、住宿分享经济对住宿产业的影响……………………………………70
　　四、酒店行业的应对措施…………………………………………………74

## 第六章　分销渠道：以开放和共享思维应对市场垄断…………………………79
　　一、酒店集团联合抵御垄断………………………………………………80
　　二、在线旅游市场的寡头垄断格局………………………………………81
　　三、区块链：可能改变在线旅游格局……………………………………84

## 第七章　住宿价值链：分化、整合与融合……………………………………87
　　一、住宿业价值链的分化…………………………………………………88
　　二、住宿业的资源整合……………………………………………………91
　　三、住宿业与其他产业的跨界融合………………………………………93
　　四、提升住宿产业链的附加价值…………………………………………96

# 第一章
## 旅游住宿业边界与规模

在旅游消费升级和旅游供给侧结构改革的双重推动下，旅游住宿边界更加扩展，住宿业态更加多元化，由此形成了所谓的"住宿丛林"，但从住宿的标准化视角衡量，整个住宿产业正在形成"三足鼎立"的格局。在住宿业规模不断扩大的同时，住宿业的品牌化程度和连锁化率也在持续提升。

## 一、住宿业态格局演化

### （一）多重动力推动形成"住宿丛林"

住宿业态形成"住宿丛林"（见图1-1）。众多住宿业发展的动力，如消费升级、追求新的生活方式、人性需求、艺术审美需求、交通发展、技术进步、人口结构变化、地产转型、城市变迁、政策推动等因素，推动新的住宿业态不断涌现，由此形成一个众多业态组成的"住宿丛林"。

以交通工具与住宿功能的融合为例，房车、邮轮、游船兼容了交通与住宿双重功能。近年来开始流行的房车，其实既是一个交通工具，同时也是一个住宿工具。邮轮和游艇是漂浮的、可移动的豪华度假村，一个具有住宿功能的综合体，不受传统酒店发展的局限，如有限的场地选择、现存的区位竞品或者市场饱和度等。丽思卡尔顿酒店集团2017年宣布进军奢华游艇与邮轮领域，这也是奢华酒店进军邮轮游艇行业的首例。丽思卡尔顿游艇系列（The Ritz-Carlton Yacht Collection）是丽思卡尔顿酒店集团最新的品牌延伸产品，由丽思卡尔顿酒店与航海专家共同创建，旨在吸引全球1%的高端旅客。大多高端邮轮的竞争对手都在升级客舱数量，而丽思卡尔顿拟提供的是体量最小、奢华度最高的游艇型船体，这样的规模能保障客人旅行体验的个性化和私密性，又能到访大多数大型邮轮无法停泊的独特地点。在长江三峡上的豪华游船与邮轮也类似，相当于航行在内河上的豪华五星级酒店。天津杨柳青船厂联合国家发改委和一批专家正在计划做一个将国内闲置废旧船只改为住宿

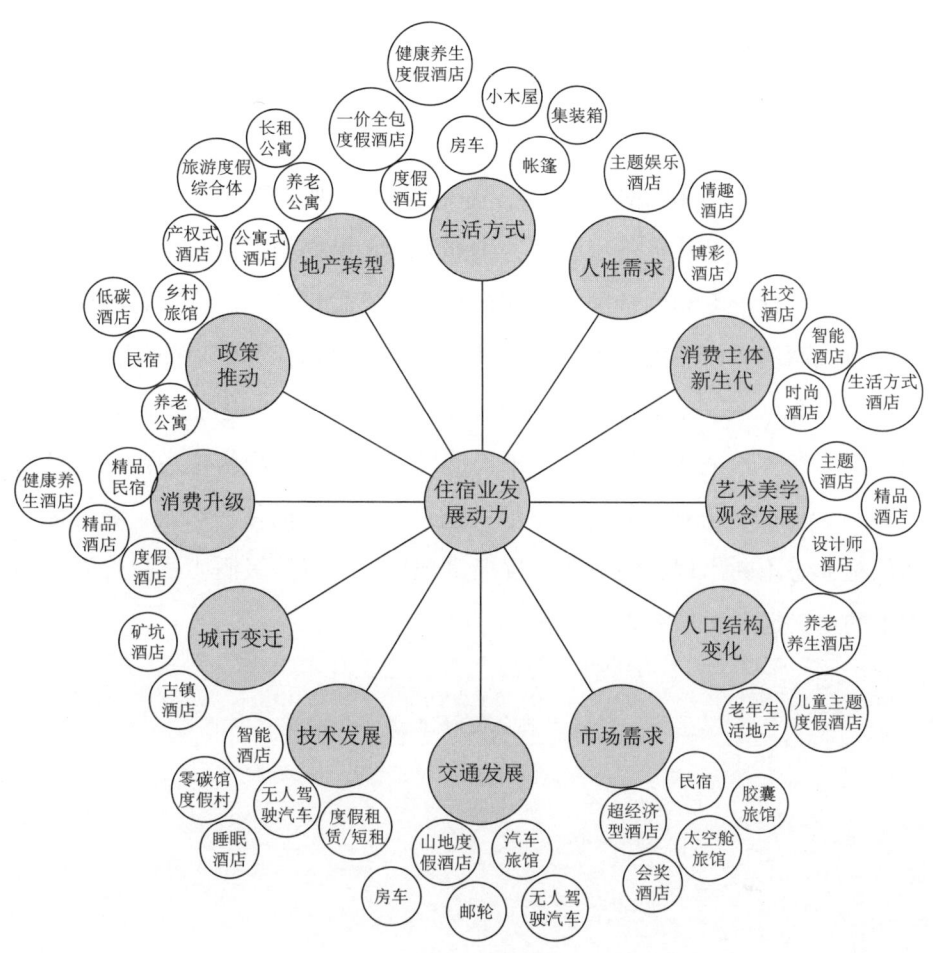

图 1-1 "住宿丛林"

设施的项目，若能实施将会新增十余万间客房，可为消费者提供在船上住宿餐饮娱乐的服务。现在受关注的无人驾驶汽车，既然是无人驾驶，其空间价值将会重新定义，例如汽车未来可以改造成像酒店客房一样，上车以后就可以娱乐和休息，到目的地后开始旅游，这样无人驾驶汽车在旅途中就可以视为一个住宿设施。所以未来住宿业态会不断创新，不断出现一些颠覆业界思维的形态。

（二）正在形成"三足鼎立"格局

从住宿设施的标准角度分类看，住宿业经过了以星标为代表的星级酒店为主，到以品牌标准为代表的从经济型到中档再到高档的品牌酒店为主的历程。把视野放宽一点，跨出星级酒店和品牌酒店的边界，可以看到近年来广受欢迎的精品民宿、帐篷客、集装箱酒店等非标住宿业态，都是属于一个大住宿业的范畴，一个广义住宿业范畴。从标准这个角度看，能看到这样一个演化过程，以前强调星级标准，都按照标准上的数字尺寸和要求建酒店，各地三星级酒店看起来一样，严重同质化；到了品牌标准，不管是从经济型酒店、中档酒店还是高档酒店品牌，每个酒店集团创造出一个品牌标准复制到全国。而非标住宿，不管精品酒店、主题酒店、设计酒店、生活方式酒店、精品民宿等，还是其他那些难以用标准框住的住宿设施，它在满足卫生、环保、安全和消防安全等基本门槛的基础上，更加强调特色化和差异化，强调能为顾客带来什么价值。未来价值思维会更强调酒店住宿要有自己的文化DNA，强调企业的价值观，打造有中国特色、东方特色的住宿产业。随着标准的演化，新住宿业态不断出现，住宿业态逐渐呈现出一个以星级酒店、品牌酒店和非标住宿为主的"三足鼎立"格局（见图1-2）。

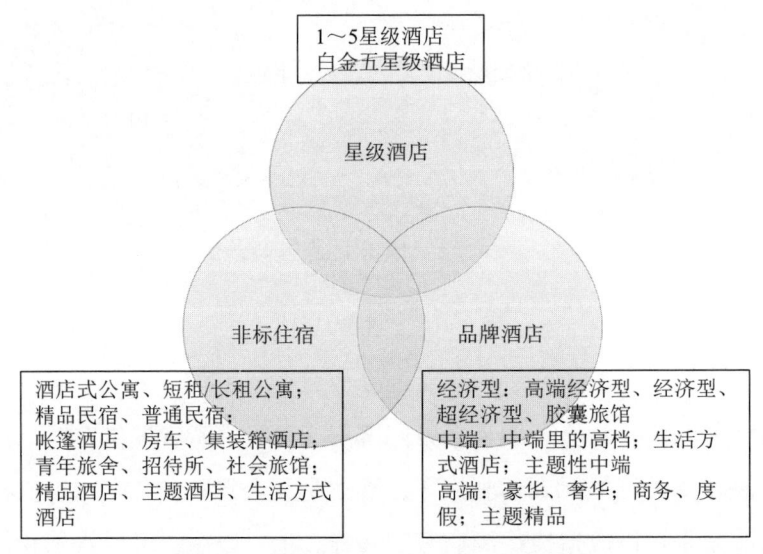

**图1-2 住宿业态的"三足鼎立"格局**

按照长尾理论，住宿市场显然满足多样性、不平等性和存在网络效应三个条件，因而幂律曲线出现，星级酒店、品牌酒店等酒店住宿产品形成了"头部市场"，而非标住宿市场则形成了"长尾市场"，这里称之为"住宿长尾"。可观察到的趋势是，住宿业态的主流与非主流、中心与边缘之间的界限变得越来越模糊，促使消费者选择重心正在从头部的大众市场转向尾部的小众市场。

**（三）非标住宿之民宿发展**

随着移动互联网的广泛应用，营销成本大幅降低，非标住宿产品如雨后春笋般涌现。在非标住宿之中，民宿是近年来发展最为迅猛的一类。

民宿应该是"朋友的家"，好的民宿，老板、老板娘会跟顾客交朋友，顾客住下来，能有宾至如归的感觉。顾客在店期间，也能和其他顾客通过公共空间的社交来交朋友。所谓"情怀"就是民宿贩卖的"精神内核"。不论是网上热炒的"世界那么大，我想去看看"的原作者顾少强、还是"千里走单骑"杨丽萍艺术酒店，很多人住民宿是为了体验当地乃至主人所引领的一种文化。民宿要完善自己的文化基因，寻找可复制又不可完全拷贝的生命力之根。

民宿的发展让很多古建筑、老房子重获新生。随着城市化进程和城镇化步伐的加快，很多地方的老建筑、老民居逐渐被人们遗忘，用作居住的越来越少。一些被列为文物保护单位的建筑现状可能维持得较好，而另一些没有被纳入文保名单、本身又有一定特色、保留了历史生活气息的房子，现状普遍不容乐观。这些老房子如果不加利用，会慢慢破旧、衰败，有的甚至会被拆除。在尊重建筑原貌的基础上，将老房子活化利用变成民宿或者画廊、咖啡馆之类的艺术空间，在保护中加以利用，又在利用中持续保护，是让老房子获得重生的机会。正如小猪短租联合创始人所说，老房子做民宿能实现"三赢"：对老房子而言，能够通过改造得到修缮，经营者会为其提供持续的维护和保养，相对于原先的状态，房子老化的速度会减缓；对于业主来说，他们既保护了历史建筑，将老房之美传递给更多人，也能获得收益；对于游客而言，入住此类房子可以体验历史之美、古建之美，拥有一段特别的住宿经历。

在国外发展较为成熟的地区，大多是经历了一个集群发展过程。现在国内已经在大城市近郊、城市老城区、旅游景区周边、古城古镇古村落以及部分风景秀美的乡村形成了很多民宿集群，如德清莫干山、杭州西湖区、厦门鼓浪屿、北京南锣鼓巷和后海、成都街子古镇、大理双廊和丽江古城以及江浙古镇等。没有集群化发展，很难形成气候和规模，品牌难以打响，消费者的选择有限，外部交通和内部交通改变难度也很大，整个的运营管理成本和消费者的消费成本难以降下来。当然，也不排除一个民宿品牌自身就能形成一个度假目的地，如北京密云的山里寒舍，把一座村庄打造成一个民宿聚集群落，自身就形成一座度假酒店。但其本质上还是一个集群的概念。

每家民宿都应坚持个性化发展。民宿所经营的是小众市场，不可能满足及适合所有人，经营者必须有自己的方向与坚持，也就是个性。民宿经营者必须明白自己所经营的民宿是想要提供给什么样的客人，实现差异化发展。优质的民宿经营者必须具备良好的理念和态度，才能将民宿经营得有魅力、有特色、有价值。民宿是非标准类型的住宿业务，应该更加多元化，更加创新，需要更多的文化创意注入其中。一些有情怀的设计师、建筑师倾注了大量创意、资金、资源来做民宿改造，这本身就是一个吸纳社会力量更好保护老房子的过程，应该加以鼓励。各地在管理民宿时除了一些基础设施、服务水平上的基本要求，应为其提供更宽松的准入门槛。

目前民宿客栈在国内发展如火如荼，广受重视，民宿经过一个较为粗放的自发式发展阶段后，近两年逐渐进入规范管理阶段，各地甚至国家层面都陆续出台了民宿管理规范。业内虽然把民宿划归为非标住宿，但这主要是从民宿注重文化创意，凸显主题特色，区别于星标酒店和品牌标准酒店过于强调软硬件标准的角度而言的。称其为非标住宿，并非说就没有进入门槛。其实民宿同样需要确定一个基本的进入门槛，如在安全、卫生、环保以及硬件设施和软件服务等方面都应有一个最低要求，在满足基本要求的基础上去自我裁量，自主创意，自由发挥，凸显自身特色。环保问题是发展过程中最需要关注的问题之一。一方面是建筑和装饰材料、布草客房及洗涤等是否符合环保要求，另一方面是排污问题，除了政府需安装污水处理管网外，民宿最好也要安装净水处理器和油水分离器。

## 二、住宿业规模统计与测算

对于我国住宿业规模统计，有三个口径，一是国家旅游局对星级饭店的统计，二是国家统计局每5年一次的经济普查统计，三是商务部对住宿单位的统计。

国家旅游局统计显示，2016年全国有星级饭店1.17万家，当年上报经营数据通过审核的星级饭店为9861家，相应客房数量为142.05万间。经过若干年的变化，星级饭店规模呈现"高档持续增加，而中低档持续减少"的趋势。至2016年底，一星级饭店仅剩72家，不再有新增；二星级饭店1771家，不足鼎盛期2007年5718家的31%；三星级饭店4856家，相对2010年6268家的高点也在逐渐下滑；而四、五星级饭店持续增长，2016年分别为2363家和800家。未来仍将有部分中低星级饭店会转换为经济型和中端酒店。

表1-1 2016年度全国星级饭店基本指标统计表

| 指标 | 单位 | 五星级 | 四星级 | 三星级 | 二星级 | 一星级 | 合计 |
| --- | --- | --- | --- | --- | --- | --- | --- |
| 饭店数量① | 家 | 800 | 2363 | 4856 | 1771 | 72 | 9861 |
| 客房数量 | 万间 | 27.46 | 47.01 | 54.89 | 12.38 | 0.31 | 142.05 |
| 营业收入总额 | 亿元 | 763.71 | 703.86 | 483.16 | 75.38 | 1.16 | 2027.26 |
| 固定资产原值 | 亿元 | 2022.31 | 1814.18 | 1057.71 | 277.93 | 2.41 | 5174.54 |
| 从业人员年均数 | 万人 | 30.25 | 43.20 | 39.68 | 6.41 | 0.11 | 119.66 |
| 大专以上学历人数 | 万人 | 8.55 | 9.64 | 6.74 | 0.94 | 0.02 | 25.90 |

国家统计局第三次经济普查数据显示，截至2013年底，我国有住宿企业法人单位7.3万个，从业人员294.3万人，其中小微企业6.8万个，就业168.2万人。从2008年底至2013年底的5年间，住宿业营业收入增长1710亿元，年均增长为10.4%，高于GDP增速（见表1-2、表1-3）。

表1-2 国家统计局第二次经济普查数据

| 2008年底 | 法人单位数 | 客房间数（间） | 平均客房数（间） | 营业额（亿元） |
| --- | --- | --- | --- | --- |
| 住宿业 | 54 237 | 3 915 922 | 72.2 | 2652.34 |
| 旅游饭店 | 17 830 | 2 143 860 | 120.2 | 2036.8 |
| 一般旅馆 | 33 184 | 1 624 892 | 49 | 554.8 |
| 其他住宿服务 | 3223 | 147 170 | 45.7 | 60.7 |

---

① 此处星级饭店数量是指上报了企业经营数据的星级饭店数量。

表 1-3　国家统计局　第三次经济普查数据

| 2013年底 | 企业法人单位（万个） | 从业人员（万人） | 资产总计（亿元） | 营业额（亿元） |
|---|---|---|---|---|
| 住宿业 | 7.3 | 294.3 | 13 745.9 | 4362.7 |
| 旅游饭店 | 2.4 | 199.3 | 10 723.5 | 3140.3 |
| 一般旅馆 | 4.2 | 80.1 | 2427.6 | 1049.6 |
| 其他住宿业 | 0.7 | 14.9 | 594.8 | 172.8 |
| 其中，小微企业 | 6.8 | 168.2 | 0.6 | |

根据国家统计局年度统计数据，2013年前住宿业投资高速增长，虽然此后增速放缓，但2015年住宿业新建固定资产投资3732.6亿元，扩建固定资产投资452.3亿元，改建固定资产投资412.6亿元，年度住宿业投资共为4597.5亿元（见图1-3）。

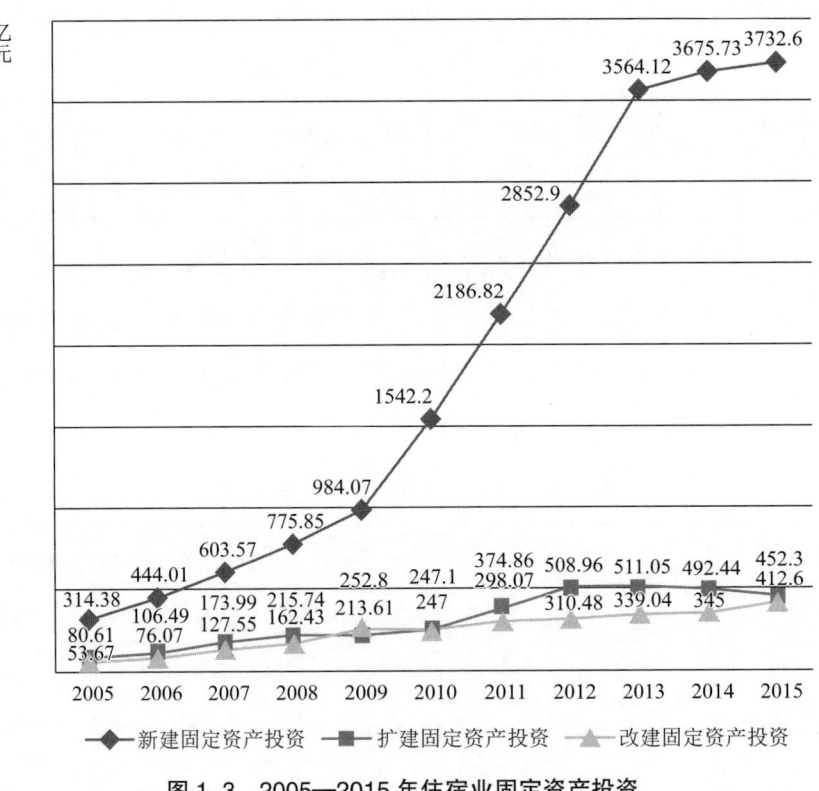

图 1-3　2005—2015 年住宿业固定资产投资

从住宿业建设项目角度看（见图1-4），2015年施工项目为6925个，新开工项目4817个，全部建成投产项目4949个。其中当年新开工项目和全部建成投产项目增长率都高达 21%。

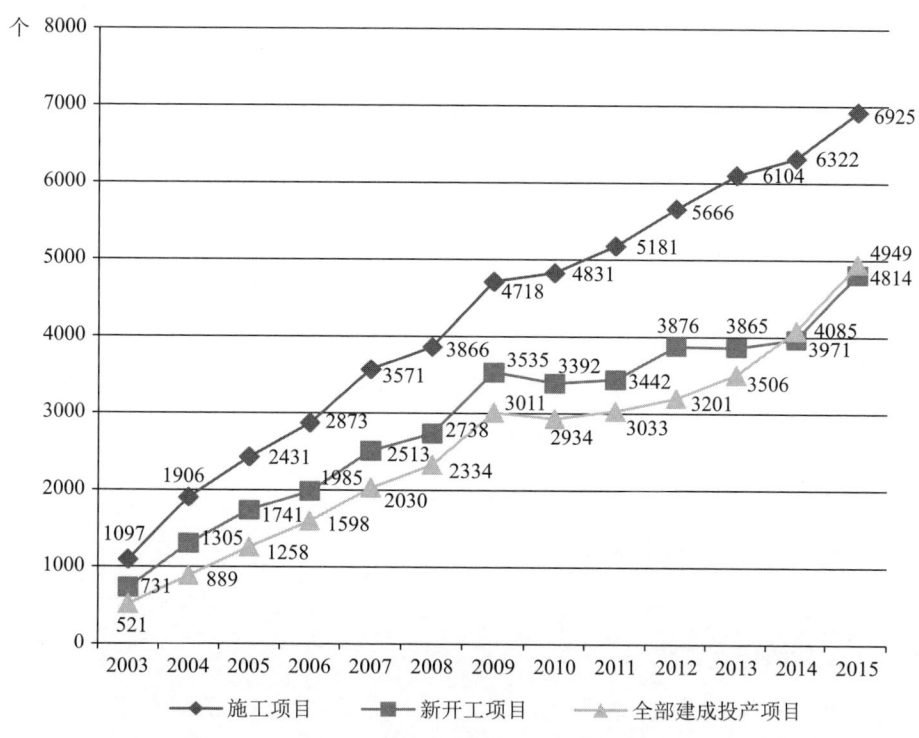

图 1-4　2003—2015 年年度规上住宿业建设项目数量

根据前述数据推断，我国规上住宿设施 2014 年至 2016 年共约 1.5 万个项目建成投产，2016 年底住宿法人单位数量大致为 8.8 万家，按照每个住宿单位 72.2 间客房计算，共有客房约 635 万间。假设营业收入年均增速为 10%，则 2016 年住宿业营业收入约为 5800 亿元。

对于这样一个规模，可以做一个横向比较。2016 年，全球酒店业有 1640 万间客房，收入 5500 亿美元；在相当长的时间里，住宿业与 GDP 增长大体相一致。2016 年，美国有 5.42 万家酒店，500 万间客房，酒店客房平均 92.3 间，收入 2000 亿美元；在美国这个全球最大的酒店市场（按房间数计），过去 50 年里住宿消费增长率每年超过 GDP 增速 2.6%。

以美国所拥有的酒店和中国所拥有的规模以上住宿设施做一个比较（中国住宿业较美国酒店业统计口径大，中国住宿设施平均房间数为 72.2，美国酒店平均客房数位 92.3），中国每万人拥有房间数为 47 间，美国每万人拥有客房数为 157 间。虽然中国住宿设施统计口径较美国酒店统计口径要大不少，但即使在这种情况下，中国每万人拥有客房量仍不到美国每万人拥有客房量的 1/3。从这个角度看，中国住宿设施从规模上还有很大发展空间。虽然目前存在结构性过剩问题（档次、区域等结构），但这只是一个阶段性问题，长远看发展潜力仍然很大。

从收入层面看，2016 年美国 GDP 为 18.6 万亿美元，中国 GDP 为 11 万亿美元，假设按此比例计，若中国酒店业与美国酒店业收入达到同样比例，则中国酒店业收入将约为 1183 亿美元（约 8000 亿元），若是住宿业则会更大。对比估算数据，中国酒店和住宿业营业收入还有较大差距，如果未来中国经济发展赶上美国经济水平，则中国酒店和住宿业发展空间更大。

## 三、住宿企业连锁化率

### （一）国际酒店连锁化率

据统计，全球酒店业品牌化率为 53%，品牌酒店市场份额仍在上升（见图 1-5）。其中不同档次酒店品牌化率处于前几位的是中档偏上酒店（Upper Midscale）85%、超高端酒店（Upper Upscale）79%、高端酒店（Upscale）79%、中档酒店（Midscale）69%。

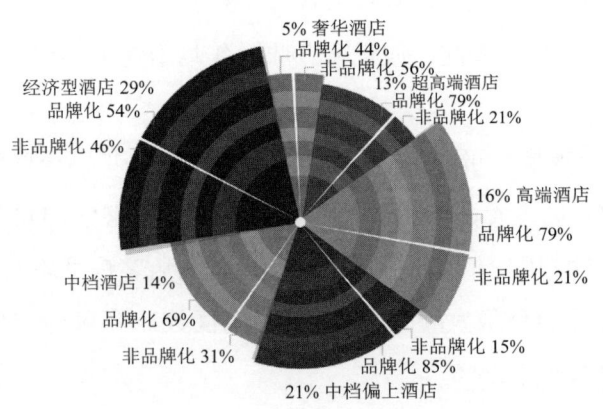

图 1-5　不同档次酒店品牌化率

资料来源：Big Brands Report 2015。

从区域来看，酒店品牌化率最高的是北美，达到67%，其中美国更是达到70%；欧洲和南美酒店品牌化率较低，只有41%。

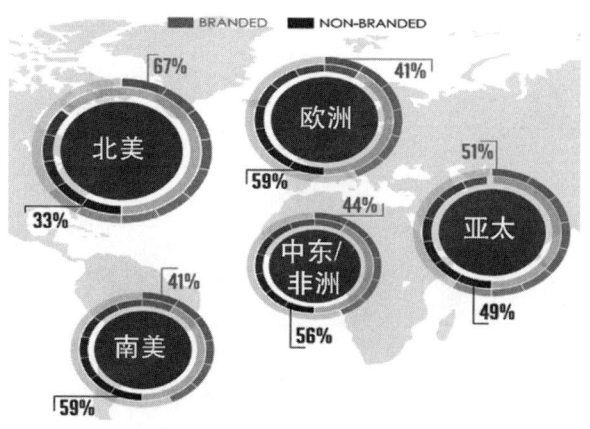

**图1-6 全球各洲酒店品牌化率**

资料来源：Big Brands Report 2015。

2015年底，美国酒店业按客房规模计算的连锁化率为70%，最大的50家酒店集团占据45%以上的市场份额。若按照酒店数量计算连锁化率会更大一些。其中中端酒店客房规模占整个酒店客房规模的27.5%，占品牌酒店客房规模的39.5%。

**表1-4 美国酒店供给变化（2015.12 VS 2014.12）**

| 连锁规模 | 酒店客房数量（截止到2015年12月31日） | 变化率（%） | 在建酒店 | 变化率（%） | 已签合同 | 变化率（%） |
|---|---|---|---|---|---|---|
| 奢华酒店 | 108 485 | 0.40 | 7 440 | 35.00 | 11 549 | 18.70 |
| 超高端酒店 | 583 906 | 2.70 | 11 524 | -13.50 | 38 885 | 23.40 |
| 高端酒店 | 660 640 | 4.70 | 49 203 | 10.80 | 135 580 | 18.10 |
| 中档偏上酒店 | 888 843 | 1.40 | 47 954 | 36.10 | 157 034 | 23.90 |
| 中档酒店 | 497 040 | -0.80 | 5 321 | 1.30 | 29 533 | 17.00 |
| 经济型酒店 | 784 149 | 1.30 | 1 512 | 130.80 | 6 801 | 70.00 |
| 非连锁化 | 1 533 422 | -0.20 | 17 749 | 13.20 | 89 757 | -11.00 |
| 总计 | 5 038 485 | 1.20 | 140 703 | 17.20 | 469 139 | 13.60 |

资料来源：Market Realist。

虽然欧洲酒店的连锁化率／品牌化率较低，但从未来几年新增酒店客房供应量来看，90%以上都将品牌化，由此可以推断，欧洲酒店的品牌化率也将不断提高。

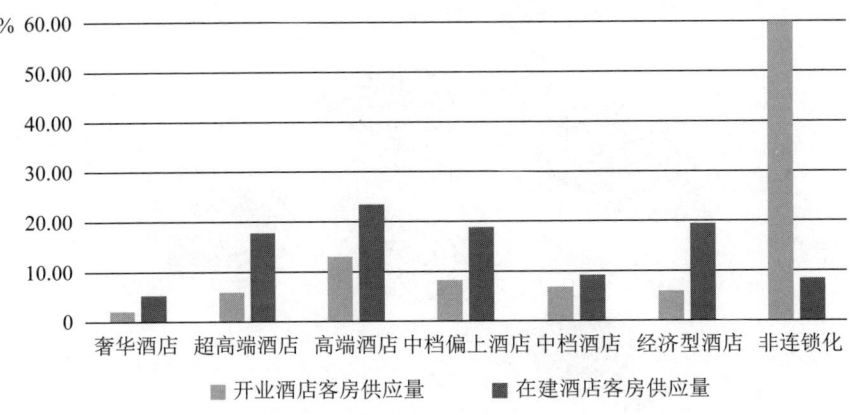

图1-7　2016年欧洲酒店客房供应量（已建和在建）

资料来源：Big Brands Report 2015。

## （二）国内住宿业连锁化率

根据中国旅游饭店业协会最新发布的国内酒店集团50强和在中国的国际酒店集团30强名单（见表1-5、表1-6），国内酒店集团50强已开业酒店共有21 135家，国际酒店集团30强已开业酒店共有2095家，共计23 230家。假定计入部分未连锁化酒店，估算国内连锁化酒店约为2.4万家。按照2016年全国规上住宿设施约为8.8万家计，连锁化率约为27.3%（若以酒店规模为基数，连锁化率会更大）。若按客房拥有量计算，连锁化率应该更高一些。与美国酒店业70%的连锁化率和亚太酒店51%的连锁化率相比，中国还有很大发展空间（即使住宿设施统计口径缩小）。

表1-5　2017年国内酒店集团50强

| 排名 | 中文名称 | 总部所在地 | 酒店数 | 客房数 |
| --- | --- | --- | --- | --- |
| 1 | 锦江国际酒店集团 | 上海 | 5977 | 602 363 |
| 2 | 首旅如家酒店集团 | 北京 | 3402 | 373 560 |
| 3 | 华住酒店集团 | 上海 | 3269 | 331 347 |
| 4 | 格林豪泰酒店管理集团 | 上海 | 1712 | 148 872 |

续表

| 排名 | 中文名称 | 总部所在地 | 酒店数 | 客房数 |
|---|---|---|---|---|
| 5 | 东呈酒店集团 | 广州 | 733 | 63 169 |
| 6 | 尚美生活集团 | 青岛 | 1107 | 62 349 |
| 7 | 都市酒店集团 | 青岛 | 1126 | 55 439 |
| 8 | 住友酒店集团 | 杭州 | 504 | 33 492 |
| 9 | 万达集团 | 北京 | 92 | 27 521 |
| 10 | 上海恭胜酒店管理有限公司 | 温州 | 493 | 26 699 |
| 11 | 开元酒店集团 | 杭州 | 103 | 25 830 |
| 12 | 逸柏酒店集团 | 上海 | 429 | 24 046 |
| 13 | 港中旅酒店管理有限公司 | 香港 | 103 | 21 791 |
| 14 | 银座旅游集团 | 济南 | 210 | 21 301 |
| 15 | 金陵饭店集团 | 南京 | 61 | 16 946 |
| 16 | 亚朵生活 | 上海 | 104 | 15 600 |
| 17 | 碧桂园集团 | 佛山 | 53 | 15 367 |
| 18 | 石家庄国大酒店 | 石家庄 | 206 | 13 521 |
| 19 | 桔子酒店集团 | 北京 | 89 | 10 727 |
| 20 | 华天酒店集团 | 长沙 | 39 | 10 726 |
| 21 | 青藤酒店集团 | 宁波 | 131 | 10 049 |
| 22 | 世纪金源酒店集团 | 北京 | 29 | 9702 |
| 23 | 中州国际酒店集团 | 郑州 | 45 | 8811 |
| 24 | 瑞景商旅集团 | 合肥 | 102 | 8448 |
| 25 | 凯莱酒店集团 | 北京 | 33 | 7873 |
| 26 | 岭南集团 | 广州 | 35 | 7783 |
| 27 | 绿地酒店集团 | 上海 | 27 | 7750 |
| 28 | 君澜酒店集团 | 杭州 | 32 | 7560 |
| 29 | 粤海（国际）酒店管理集团 | 香港 | 26 | 7196 |
| 30 | 中青旅山水酒店 | 深圳 | 52 | 6775 |

续表

| 排名 | 中文名称 | 总部所在地 | 酒店数 | 客房数 |
|---|---|---|---|---|
| 31 | 蓝海酒店集团 | 东营 | 29 | 6609 |
| 32 | 世茂酒店与度假村 | 上海 | 20 | 6559 |
| 33 | 格兰云天酒店管理有限公司 | 深圳 | 26 | 6106 |
| 34 | 禧龙宾馆 | 哈尔滨 | 91 | 5954 |
| 35 | 八方连锁酒店 | 东莞 | 73 | 5951 |
| 36 | 海航酒店集团 | 北京 | 31 | 5828 |
| 37 | 特高酒店集团 | 广州 | 123 | 5532 |
| 38 | 尊茂酒店集团 | 上海 | 32 | 5283 |
| 39 | 陕旅饭店集团 | 西安 | 33 | 5082 |
| 40 | 阳光酒店集团 | 北京 | 20 | 5060 |
| 41 | 清沐酒店集团 | 南京 | 88 | 4808 |
| 42 | 雷迪森旅业集团 | 杭州 | 19 | 4720 |
| 43 | 国宾友谊酒店集团 | 北京 | 13 | 4713 |
| 44 | 亚斯特酒店集团 | 南宁 | 54 | 4636 |
| 45 | 城市名人酒店集团 | 成都 | 21 | 4626 |
| 46 | 岷山集团 | 成都 | 40 | 4525 |
| 47 | 衡山集团 | 上海 | 19 | 4380 |
| 48 | 富驿酒店集团 | 北京 | 43 | 4345 |
| 49 | 厦门建发旅游集团 | 厦门 | 16 | 4180 |
| 50 | 华侨城集团 | 深圳 | 20 | 4106 |

资料来源：中国旅游饭店业协会。

表1-6　2017年外资酒店品牌30强

| 排名 | 品牌名称 | 所属集团 | 酒店数 | 客房数 |
|---|---|---|---|---|
| 1 | 速8酒店 | 温德姆酒店管理集团 | 1061 | 80 595 |
| 2 | 皇冠假日酒店 | 洲际酒店集团 | 77 | 27 938 |

续表

| 排名 | 品牌名称 | 所属集团 | 酒店数 | 客房数 |
|---|---|---|---|---|
| 3 | 喜来登酒店 | 喜达屋全球酒店及度假村集团 | 73 | 27 022 |
| 4 | 假日酒店 | 洲际酒店集团 | 81 | 24 193 |
| 5 | 香格里拉大酒店 | 香格里拉酒店集团 | 43 | 18 514 |
| 6 | 华美达酒店 | 温德姆酒店管理集团 | 78 | 18 407 |
| 7 | 智选假日 | 洲际酒店集团 | 75 | 18 177 |
| 8 | 希尔顿酒店 | 希尔顿酒店集团 | 41 | 16 682 |
| 9 | 洲际酒店 | 洲际酒店集团 | 36 | 15 130 |
| 10 | 豪生酒店 | 温德姆酒店管理集团 | 46 | 14 794 |
| 11 | 戴斯酒店 | 温德姆酒店管理集团 | 73 | 12 299 |
| 12 | 万豪酒店 | 万豪国际酒店集团 | 27 | 10 503 |
| 13 | 希尔顿逸林 | 希尔顿酒店集团 | 30 | 10 330 |
| 14 | 宜必思 | 雅高酒店集团 | 72 | 10 251 |
| 15 | 凯宾斯基 | 凯宾斯基酒店集团 | 21 | 8796 |
| 16 | 铂尔曼 | 雅高酒店集团 | 26 | 8113 |
| 17 | 威斯汀酒店 | 喜达屋全球酒店及度假村集团 | 21 | 7523 |
| 18 | 福朋酒店 | 喜达屋全球酒店及度假村集团 | 25 | 7413 |
| 19 | 万丽酒店 | 万豪国际酒店集团 | 18 | 7146 |
| 20 | 凯悦酒店 | 凯悦酒店集团 | 19 | 6501 |
| 21 | 索菲特 | 雅高酒店集团 | 19 | 6468 |
| 22 | 最佳西方 | 最佳西方酒店 | 25 | 6324 |
| 23 | 温德姆酒店 | 温德姆酒店管理集团 | 20 | 6304 |
| 24 | 诺富特 | 雅高酒店集团 | 16 | 5067 |
| 25 | 君悦酒店 | 凯悦酒店集团 | 10 | 4704 |
| 26 | JW 万豪酒店 | 万豪国际酒店集团 | 11 | 4361 |
| 27 | 温德姆至尊豪廷 | 温德姆酒店管理集团 | 12 | 4267 |
| 28 | 万怡酒店 | 万豪国际酒店集团 | 14 | 4179 |
| 29 | 美居酒店 | 雅高酒店集团 | 15 | 4026 |

续表

| 排名 | 品牌名称 | 所属集团 | 酒店数 | 客房数 |
|---|---|---|---|---|
| 30 | 日航饭店 | 日航酒店集团 | 10 | 3890 |

资料来源：中国旅游饭店业协会。

### （三）国内集团中端酒店连锁化率

在经济型酒店热潮退却之后，中端酒店这几年迎来了发展高潮，国内酒店集团推出了近 60 个品牌，其中维也纳、全季和亚朵等几个代表性品牌拓展速度很快，都已经在 100 家以上。国际酒店集团的中端酒店品牌，洲际酒店集团旗下的假日酒店和智选假日因发展较早，也发展得很好；希尔顿旗下欢朋、雅高旗下诺富特和美居和万豪旗下万枫则选择和国内酒店集团合作发展，共享市场机会；其他还有希尔顿花园、喜达屋旗下的雅乐轩等外资品牌也纷纷登陆中国市场（见图 1-8）。

图 1-8 中端酒店品牌

国际上中端酒店在集团中占比都很高。按酒店数量，洲际和万豪为 70%，温德姆超过半数；雅高的经济型酒店占主体，但其中端酒店也达到31%；希尔顿以高端为主，但其中端酒店占比为30%。国内，按酒店数量，锦江酒店集团中端酒店大致占到1/4，首旅如家中端酒店占比11%，华住中端酒店占比不足5%（见表1-7）。若以国际大型酒店集团进行对比，国内酒店集团的中端酒店规模还有很大的提升空间。对美国酒店市场做一个统计，2015年连锁酒店集团旗下中端酒店数量约占全部酒店数量的30%；连锁酒店旗下的中端酒店客房供应量占连锁酒店客房量的40%，占全部酒店客房供应量的27.5%。若以此作为一个对标，按2016年我国规上住宿设施8.8万家计算，连锁酒店集团旗下中档酒店规模理想状态下应该达到2.64万家左右，显然还有很大的提升空间。当然，两国国情不同，达到美国这样一个水平需要逐步实现，但至少表明未来国内中端酒店市场发展潜力巨大。

表1-7 中端酒店品牌及其规模（截至2017年6月）

| 品牌 | 集团 | 客房数 | 门店数 |
| --- | --- | --- | --- |
| 维也纳酒店 | 维也纳酒店集团 | 72 454 | 461 |
| 全季酒店 | 华住酒店集团 | 39 664 | 284 |
| 亚朵酒店 | 亚朵生活 | 15 600 | 104 |
| 麓枫酒店 | 铂涛酒店集团 | 15 449 | 169 |
| 星程酒店 | 华住酒店集团 | 13 206 | 136 |
| 和颐酒店 | 首旅如家酒店集团 | 11 864 | 85 |
| 如家精选酒店 | 首旅如家酒店集团 | 10 840 | 100 |
| 假日酒店 | 洲际酒店集团 | 24 193 | 81 |
| 智选假日 | 洲际酒店集团 | 18 177 | 75 |
| 南苑e家 | 青藤酒店集团 | 9343 | 123 |
| 山水时尚 | 中青旅山水酒店 | 6654 | 51 |
| 桔子精选 | 桔子酒店集团 | 6148 | 50 |
| 喆·啡酒店 | 铂涛酒店集团 | 5922 | 63 |
| 锦江都城 | 锦江酒店集团 | 5839 | 43 |
| 雅思特酒店 | 亚斯特酒店集团 | 4636 | 54 |
| 富驿时尚 | 富驿酒店集团 | 4345 | 43 |

续表

| 品牌 | 集团 | 客房数 | 门店数 |
| --- | --- | --- | --- |
| 首旅京伦 | 首旅如家酒店集团 | 4317 | 20 |
| 桔子水晶 | 桔子酒店集团 | 3324 | 27 |
| 美豪酒店 | 美豪酒店集团 | 3116 | 23 |
| 君廷酒店 | 浙江君廷酒店管理有限公司 | 3023 | 19 |
| 开元曼居 | 开元酒店集团 | 2899 | 25 |
| 银座佳悦 | 银座旅游集团 | 2810 | 13 |

资料来源：中国旅游饭店业协会公布的酒店品牌50强。

# 第二章
住宿业收益与投资

对于酒店资产价值的高低，站在不同角度会得出不同结论，正所谓"甲之砒霜，乙之佳肴"。整个住宿行业经历低谷之后，目前正处于复苏之中，特别是门户城市的高端酒店盈利能力基本恢复，但不同区域、不同档次的住宿企业盈利能力存在一定差异。对住宿业的投资机会，总体的一个判断是国内机会优于境外机会，周边机会优于远程机会。

## 一、酒店业是个"好生意"还是"坏生意"

对于如何看待酒店的盈利能力，不同人有不同的看法。例如，恒隆集团董事长陈启宗认为，"酒店行业是一门糟透的生意！"恒隆在商业地产的产品单配及选择上，有着自己的逻辑。比如，在恒隆的项目中，几乎从来不会出现酒店。在其看来，酒店对于业主来讲是完全不会赚钱的生意，而对于一个地道的生意人来讲，不赚钱的产品当然是不在考虑范围之内的。这是单从酒店本身而言得出的结论，如果考虑到大多数地产商的城市综合体、旅游综合体等项目，酒店本身即使不赚钱，但因酒店提升了整个项目的品牌和价值，算大账建酒店显然是很划算的。

万达集团董事长王健林曾说："世界奢华酒店市场一直被外国品牌占领，海外从来见不到中国五星级酒店。万达决定做先行者，改变这种局面。花二三十年的时间，一定要把中国的酒店品牌打到世界上去。"显然，万达集团是很看好酒店资产的价值的，并决心在酒店行业有所作为。经过若干年向外资酒店管理公司的学习，万达建立了自己的酒店管理公司，旗下拥有四个自主管理品牌，即奢华品牌万达瑞华、超豪华品牌万达文华、豪华品牌万达嘉华和四星级标准品牌万达锦华。截至2016年底，万达酒店及度假村已经覆盖全国72个城市，持有超过100家高端酒店。已经是位居国内前列的酒店集团。

2017年7月，万达集团突然打包出售旗下76个酒店的资产。最初，融创房地产集团同意以335.95亿元，收购前述76家酒店。但随后，富力地产以199.06亿元从融创地产手中接下万达77家城市酒店全部股权。万达集团为什么毫无预兆就抛售旗下大部分酒店？是因为这是门坏生意，王健林不得已被迫卖出吗？从事情发展过程看，显然并非万达对酒店资产的看法突然发生转变，而是因为在国家去杠杆的大背景下，站在整个万达集团生存发展的高度，经过慎重权衡后做出的取舍。

融创地产在同意接手酒店资产的情况下，为什么又突然转让给富力地产？有两个解释，其一是融创公司内部当前根本没有酒店经营或相关的资产管理团队；其二作为高周转的爱好者，孙宏斌历来不喜欢酒店资产。因为酒店虽然现金流很充沛，但投资回收期很长，并不符合融创喜欢高周转的风格。有分析推测，当初之所以答应一揽子收购万达旗下的酒店，是融创接盘万达文旅资产的必要条件，类似"搭售"。

而富力地产虽然也是长期从事地产行业，但富力有其酒店发展战略，在全球已开业和建设的高级酒店24家。富力地产董事长李思廉认为"酒店需要养，要像养小孩一样养酒店"。从融创手中以较低价格接手77家万达酒店后，富力将持有超过100家酒店，成为全球最大的五星级酒店业主。这次如此低价的收购机会十分难得。富力将借此机会，进一步扩展旗下的酒店业务，增加优质的投资物业经营收益，实现多元化的产业布局。

由以上四位地产公司的创始人对酒店的态度可见，正应了"甲之砒霜，乙之佳肴"这句古话，经营理念不同，对酒店资产价值的看法就会不同。因此，并不能简单就说"酒店是个好生意"或"酒店是个坏生意"。此外，在一个国家不同的发展阶段，酒店的盈利能力会有较大差异；采用不同的经营模式，如轻资产模式还是重资产模式，收益率会不同；获取酒店所用资金的来源不同，如来自银行贷款还是养老保险资金，资金成本会不同，则对回报率的期望会不一样。

## 二、星级饭店行业复苏

### （一）星级饭店行业整体盈利回升

从全国星级饭店盈利水平看，受政策面和经济下行影响，星级饭店盈利水平整体下滑，到2014年跌到谷底，此后逐步回暖，2016年行业整体已实现盈利，五星级饭店更是实现盈利 45.4 亿元（见图 2-1）。

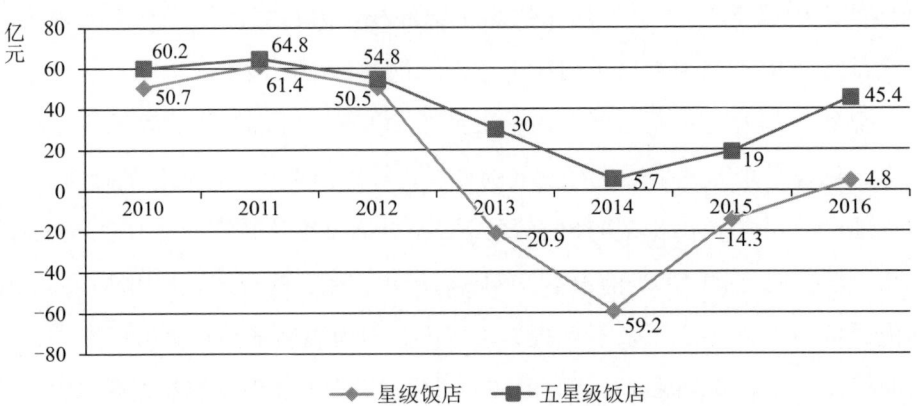

图 2-1　2010-2016 年星级饭店利润

### （二）门户城市星级饭店绩效

高星级饭店对八项规定和经济下行等事件更为敏感，因此我们选取了北京和上海的四星级和五星级饭店从 2012 年以来的每月平均房价和平均出租率同比增长数据，来观察星级饭店绩效变动趋势。

从北京和上海 2012 年至 2017 年 7 月的星级饭店经营情况看，行业已经走出低谷，并正在复苏的路上。北京市平均房价和平均出租率的同比增长率在 2014 年后逐步走低，2014 年达到谷底，此后缓慢回升趋势明显（见图 2-2 至图 2-5）。

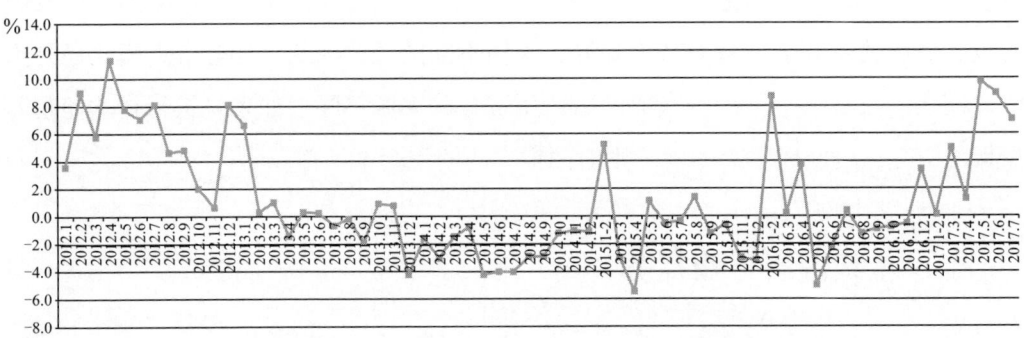

图 2-2　北京市四星级饭店平均房价同比增长率

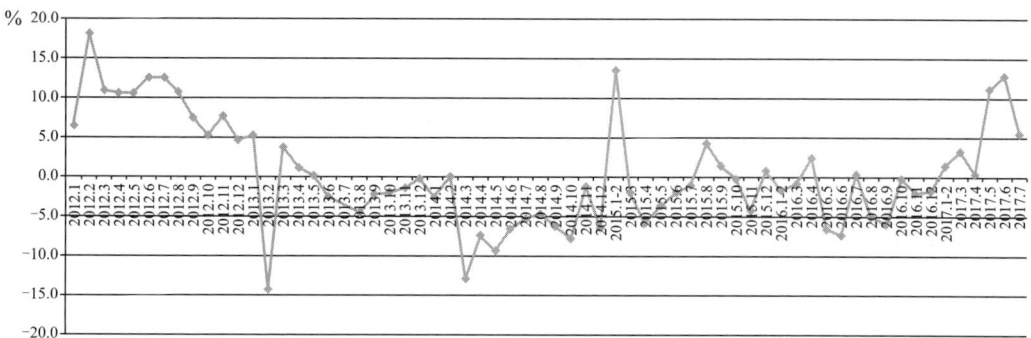

图 2-3　北京市五星级饭店平均房价同比增长率

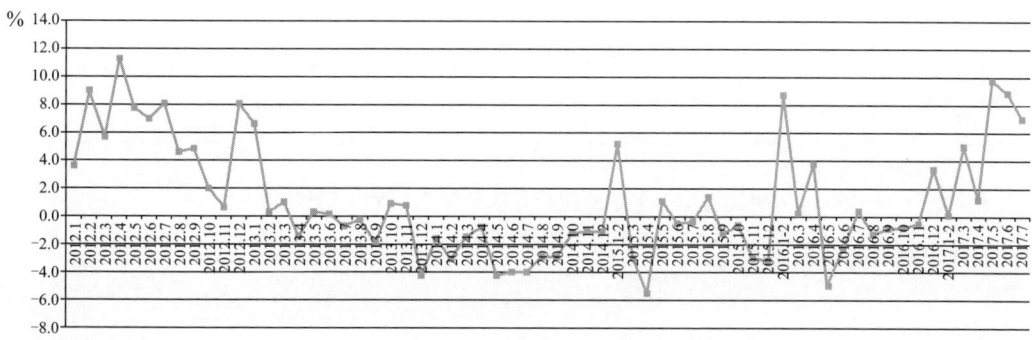

图 2-4　北京市四星级饭店平均出租率同比增长率

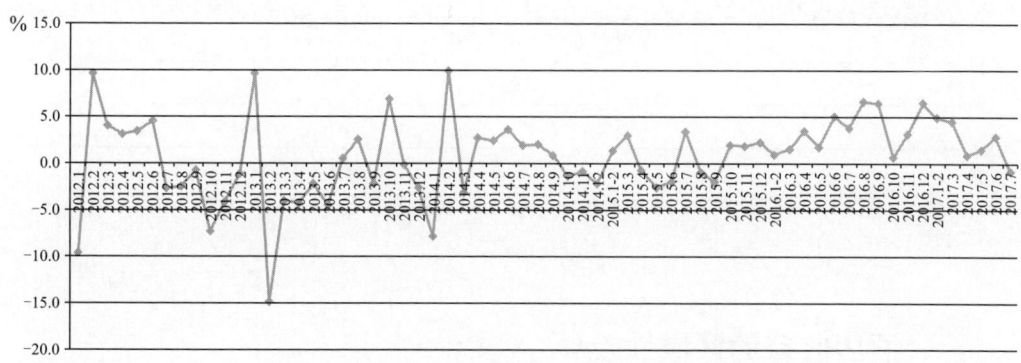

图 2-5　北京市五星级饭店平均出租率同比增长率

相比北京，上海四星级和五星级平均房价和平均出租率的同比增长率波动幅度较小。从四星级饭店平均房价增长率看，在2013年为低点，此后开始回升。五星级饭店反倒是 2012 年表现最差，2013 年也受到一些冲击，此后开始恢复，2016 年有一些反复（见图 2-6、图 2-7）。一方面，受上海 2010 年世博会的影响，2011 年和 2012 年平均房价回落幅度较大；另一方面，上海市场化相对程度更高，受八项规定的影响相对较小。但总体而言，上海的高星级酒店市场也处于复苏进程中。

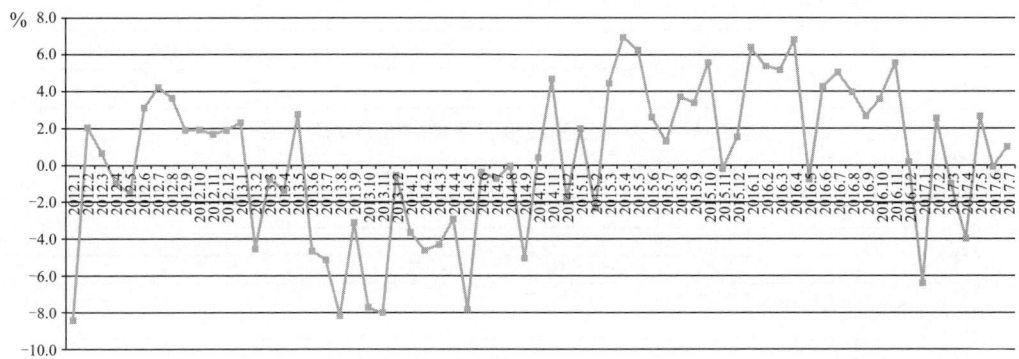

图 2-6　上海市四星级饭店平均房价同比增长率

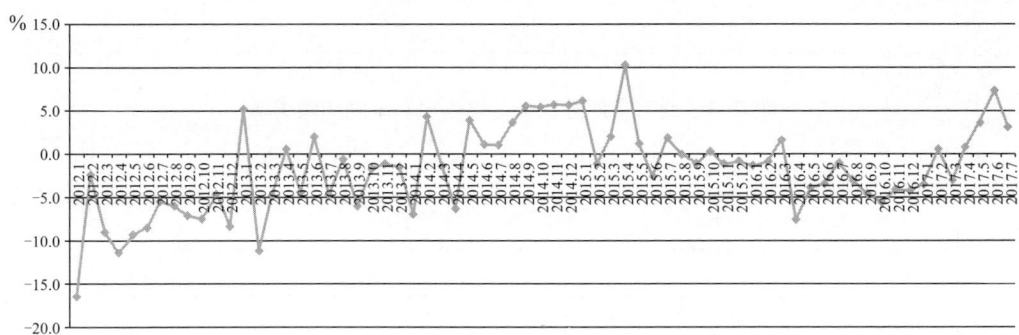

图 2-7　上海市五星级饭店平均房价同比增长率

## 三、酒店收益的区域性差异

以全国 50 座旅游城市 2015 年平均房价和出租率为例，如图 2-8 所示。北上广深四个一线城市和三亚、厦门两个旅游城市星级饭店平均出租率和平均房价都较高，而秦皇岛、丽江、南宁、黄山、拉萨、张家界和桂林等旅游城市的星级饭店平均出租率和平均房价都较低。一线城市既有频繁的商务活动，也有大规模的旅游活动，因此其住宿行业会较为繁荣。三亚和厦门作为全国人民向往的海滨度假胜地，除了夏天外，全年多数时间都适于旅游度假，旅游住宿业较为发达。而其他大多数旅游城市，因其观光属性明显，季节性强，虽然旺季酒店出租率和平均房价也很高，但全年平均下来就较低。此外，这些城市涵括地域面积很广，旅游活动往往发生在核心景区及其周边，并未带动其他区域的住宿业发展，因此也会拉低整体的平均数。

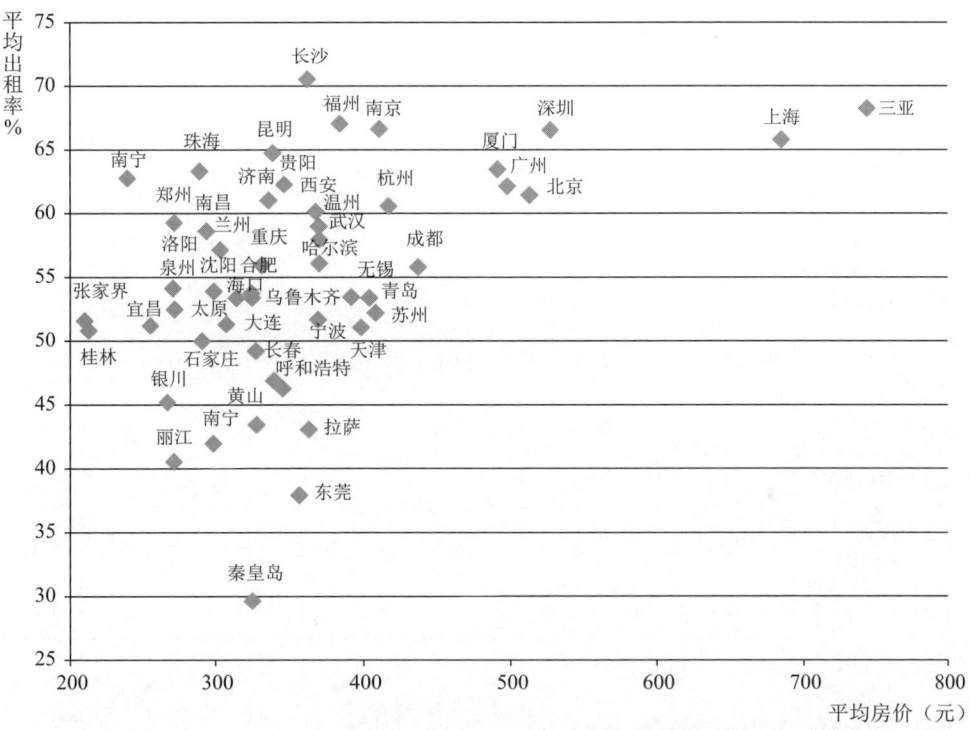

图 2-8　全国 50 个旅游城市星级饭店 2015 年平均房价和出租率

这里以金茂酒店集团在各城市的经营数据为例做一个印证。金茂酒店集团旗下有八家酒店，既有在北京、上海、深圳一线城市的，也有在三亚海滨度假城市的，还有在丽江这样的世界文化遗产地城市的，很具有代表性。金茂酒店集团 2016 年全年实现收入 24.5 亿元，同比增长 3%；其中酒店板块实现营业收入 18.09 亿元，同比增长 4%。集团净利润 3.74 亿元，同比下滑 14%，主要受三亚酒店影响。2016 年酒店经营毛利率为49%，较2015年上升4%。

根据金茂酒店数据可知（见表2-1），在一线城市，2016年除了上海崇明岛金茂凯悦酒店业绩不理想外，北京、上海、深圳的其他酒店业绩都较为理想。崇明岛凯悦酒店因地处郊区，属于度假酒店，周末业绩好，但工作日则受到一定影响。丽江金茂君悦因为季节性问题，高星级酒店的竞争激烈，以及受到精品民宿的分流，所以绩效也不甚理想。

表2-1 金茂酒店集团酒店经营绩效（2016年 VS 2015年）

| 酒店 | 入住率（%） | | 平均房价（元） | | 每间房收益（元） | |
|---|---|---|---|---|---|---|
| | 2016年 | 2015年 | 2016年 | 2015年 | 2016年 | 2015年 |
| 上海金茂君悦大酒店 | 79.8 | 69.8 | 1459 | 1515 | 1164 | 1057 |
| 崇明金茂凯悦酒店 | 52.3 | 47.9 | 901 | 982 | 471 | 470 |
| 金茂三亚亚龙湾丽思卡尔顿酒店 | 74.2 | 72.3 | 2207 | 2453 | 1637 | 1772 |
| 金茂亚龙湾希尔顿大酒店 | 67.3 | 68.7 | 1360 | 1433 | 915 | 984 |
| 金茂威斯汀大饭店 | 82.2 | 79.9 | 1134 | 1179 | 932 | 943 |
| 北京金茂万丽酒店 | 79.0 | 65.5 | 827 | 751 | 653 | 492 |
| 金茂深圳JW万豪酒店 | 77.4 | 78.8 | 1005 | 1028 | 778 | 811 |
| 丽江金茂君悦酒店 | 41.5 | 37.9 | 814 | 867 | 338 | 329 |

## 四、酒店收益的档次差异

### （一）中端酒店发展及绩效

1. 中端酒店品牌发展概况

八项规定在对高星级饭店造成影响的同时，为中端酒店发展提供了良机。中端酒店品牌从2012年的不足10家，迅速发展到目前80多个品牌。新品牌源源不断地出现，如香格里拉的JEN品牌、万达集团的锦华品牌等。希尔顿酒店集团2016

年推出的 Tru 品牌，成了酒店业历史上发展最快的品牌。2017 年上半年，有多家酒店集团已经推出或已宣布计划推出中档酒店品牌，包括特朗普酒店集团的新品牌 American Idea，红狮酒店（RLHC）改造了 Signature Inn 品牌，以及硬石酒店的 Reverb 品牌等。洲际酒店集团计划推出新的中档品牌。

驱动中档酒店品牌不断涌现的主要原因是因为有限服务酒店领域目前离市场饱和还很远，存在大量的机会。这些酒店提供了消费者喜欢的空间和布局，以及简单的体验，满足甚至超越了千禧一代的需求。消费者偏好已经发生了转变，业主也通过建造这些酒店以满足消费者需求，这使得业主和酒店品牌都能有利可图。

开发中档酒店，利润率较高，运营问题相对较少，人员配置模式比高档酒店简单，因此该类酒店能拥有并保持其独特的吸引力。未来的中档酒店品牌仍然专注于满足基本需求，但不惜在风格、设计或者在技术方面做大的变革。Tru by Hilton 可以当成一个开发中档酒店时关注技术和设计的一个很好案例。早期，对于该品牌的设计和营销，有声音批评颜色太多太复杂，品牌已经做出了改进，希尔顿将根据业主的反馈继续修改品牌模型，以便使投资者花出的每一分钱都能带来回报。

以 2700 万美元收购了 Vantage 酒店的红狮正在为中档酒店加上更多的生活方式。红狮酒店 CMO Bill Linehan 将 Vantage 酒店旗下的 Signature Inn 描绘为围绕"中世纪"美学和"流行美国"而设计的品牌，更符合精品酒店的要求。精品酒店和设计酒店主要专注于高档和奢华领域，但其实目光已经不局限于此。Signature Inn 糅合了中世纪的设计和美国的流行文化，拥有基本的标准同时又具有弹性。特朗普酒店集团新中档品牌"American Idea"将秉持"根植于当地的历史和睦邻服务的理念"。一家以奢华酒店而闻名的公司向中档酒店领域扩张，部分原因是现任美国总统特朗普的粉丝基础。推出 American Idea，也是考虑到这些人群的消费能力，他们能够负担得起这个区间的价格。

保利酒店管理有限公司推出了生活艺术精品酒店"ARTEL 雅途"和中端轻时尚酒店"N+"两个品牌。其中，ARTEL 雅途主打"艺术牌"，将艺术与生活的新品位融合于酒店功能中。而"N+"酒店则以 25～35 岁的年轻人为主要目标人群，并打破传统酒店概念，以"亲切的家"亲朋式服务，打造简约自由、轻松亲切的轻时尚酒店。公司期望此次推出新品牌可以为酒店的核心品牌体系注入新的活力，在细分市场夺得先机。

2. 中端酒店的盈利水平

对于中端酒店的盈利状况，可以从上市公司发布的中端酒店品牌经营情况来分析。以锦江股份旗下的中端酒店品牌为例，2017年上半年，维也纳酒店盈利1.19亿元（80%股权盈利9485万元），时尚旅盈利1500万元。虽然锦江之星上半年已盈利7582万元，但锦江之星1181家酒店，维也纳酒店580家酒店，维也纳酒店只有锦江之星的半数。这显示中端品牌维也纳酒店明显较经济型酒店品牌锦江之星盈利能力要强。再看铂涛酒店，上半年盈利1.24亿元（81%股权盈利1亿元），和维也纳酒店盈利不相上下。但铂涛酒店旗下无论酒店数量（共3133家，其中，中端酒店669家，经济型酒店2464家），还是客房规模，都是维也纳酒店的若干倍。究其原因，可能是经济型酒店拖累了铂涛酒店整体的业绩。

表2-2 锦江股份旗下部分酒店品牌开业规模（截止到2017年6月30日）

| 锦江之星股份 | | 维也纳酒店 | | 铂涛酒店 | |
|---|---|---|---|---|---|
| 品牌 | 酒店数 | 品牌 | 酒店数 | 品牌 | 酒店数 |
| 锦江都城 | 45 | 维也纳国际 | 181 | 丽枫 | 215 |
| 锦江之星 | 1052 | 维也纳酒店 | 174 | 喆啡 | 77 |
| 金广快捷 | 28 | 维也纳智好 | 166 | IU | 154 |
| 百时快捷 | 56 | 维也纳3好 | 56 | 七天系列 | 2464 |
| | | 维纳斯皇家 | 3 | 派 | 222 |
| | | 维也纳旗下其他品牌 | 1 | 铂涛旗下其他品牌 | 1 |

将三四星级饭店与锦江股份旗下中端酒店经营情况做一个对比，中端品牌酒店的平均房价普遍高于三星级饭店，大部分中端品牌酒店的RevPAR高于四星级饭店，例如锦江旗下的丽枫、康铂、维也纳国际、维也纳智好、维也纳酒店、维也纳3好。其他不少中端品牌酒店的平均房价和RevPAR都要较四星级饭店高，例如全季、亚朵、桔子水晶等（见表2-3至表2-6）。

表2-3 全国三四星级饭店RevPAR情况（2016年）

| | 平均房价（元/间） | 平均出租率（%） | RevPAR（元/间） |
|---|---|---|---|
| 四星级 | 330 | 55.64 | 183.65 |
| 三星级 | 208.7 | 52.5 | 109.58 |

表2-4 锦江有限服务酒店经营绩效

| 锦江都城系列品牌 | 平均房价（元/间） | | 平均出租率（%） | | RevPAR（元/间） | | 同比增减（%） |
|---|---|---|---|---|---|---|---|
| | 2017年1—6月 | 2016年1—6月 | 2017年1—6月 | 2016年1—6月 | 2017年1—6月 | 2016年1—6月 | |
| 锦江都城 | 318.48 | 311.99 | 67.50 | 70.12 | 214.97 | 218.77 | -1.74 |
| 锦江之星 | 180.50 | 182.13 | 76.54 | 75.38 | 138.15 | 137.29 | 0.63 |
| 金广快捷 | 153.80 | 151.97 | 67.15 | 56.79 | 103.28 | 86.30 | 19.68 |
| 百时快捷 | 95.33 | 99.32 | 62.87 | 62.59 | 59.93 | 62.16 | 3.59 |
| 康铂 | 470.95 | — | 74.43 | — | 350.53 | — | — |
| 平均 | 184.43 | 183.80 | 75.72 | 74.09 | 139.65 | 136.18 | 2.55 |

注：自2016年5月起，实施"营改增"政策。2017年1至6月平均房价和RevPAR不含流转税。

表2-5 铂涛系列品牌经营绩效

| 铂涛系列品牌 | 平均房价（元/间） | | 平均出租率（%） | | RevPAR（元/间） | |
|---|---|---|---|---|---|---|
| | 2017年1—6月 | 2016年1—6月 | 2017年1—6月 | 2016年1—6月 | 2017年1—6月 | 2016年1—6月 |
| 丽枫 | 259.31 | 260.16 | 81.02 | 79.14 | 210.09 | 205.89 |
| 喆菲 | 227.04 | 234.95 | 72.99 | 61.84 | 165.72 | 145.29 |
| IU | 162.81 | 164.93 | 83.71 | 81.14 | 136.29 | 133.82 |
| 七天系列 | 138.36 | 141.52 | 79.52 | 83.05 | 110.02 | 117.53 |
| 派 | 129.80 | 135.37 | 74.37 | 78.34 | 96.29 | 106.05 |
| 其他品牌 | 243.53 | 239.02 | 71.37 | 52.69 | 173.81 | 125.94 |
| 平均 | 151.50 | 149.01 | 79.20 | 81.81 | 119.99 | 121.91 |

注：自2016年5月起，实施"营改增"政策。2017年1至6月平均房价和RevPAR不含流转税。

表 2-6 维也纳酒店系列品牌 RevPAR 情况（2017 年 1 至 6 月）

| 维也纳系列品牌 | 平均房价（元/间） | 平均出租率（%） | RevPAR（元/间） |
|---|---|---|---|
| 维纳斯皇家 | 312.87 | 56.37 | 176.36 |
| 维也纳国际 | 253.51 | 86.23 | 218.60 |
| 维也纳智好 | 238.05 | 89.03 | 211.94 |
| 维也纳酒店 | 225.37 | 88.63 | 199.75 |
| 维也纳3好 | 214.35 | 88.22 | 189.10 |
| 维也纳其他 | 156.61 | 95.14 | 149.00 |
| 平均 | 239.75 | 87.36 | 209.45 |

注：自 2016 年 5 月起，实施"营改增"政策。2017 年 1 至 6 月平均房价和 RevPAR 不含流转税。

### （二）高端酒店的收益差异

对于不同类型的高端酒店其收益的差异性，国内目前还没有相关统计数据。这里以美国高端酒店收益统计为例提供参考。2014 年，美国精品酒店每房收益最高，首先达到 176.55 美元；其次为软品牌酒店，每房收益为 146.83 美元，是全美酒店

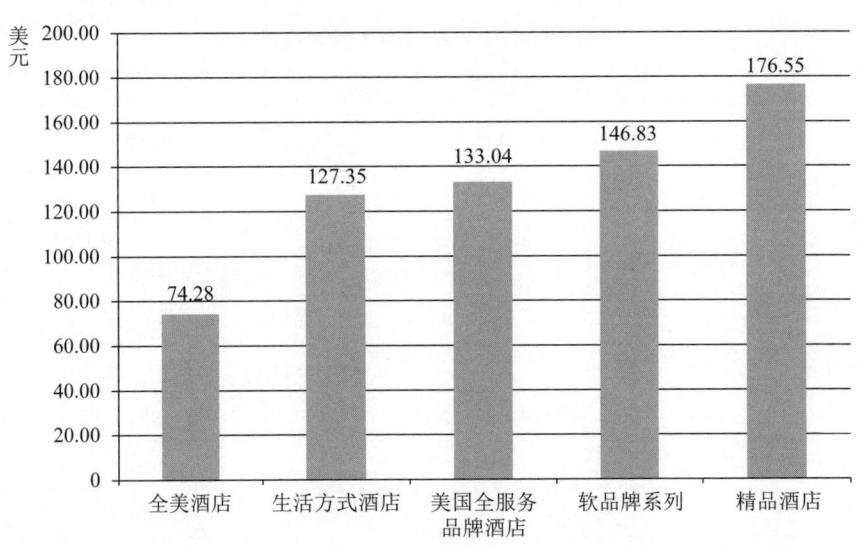

图 2-9 2014 年美国酒店每房收益 RevPAR

资料来源：STR 和 THG。

平均房价的 2 倍；最后是全服务品牌酒店，每房收益为 133.04 美元；生活方式酒店每房收益稍低，为 127.35 美元。

## 五、住宿项目投资及区位选择

### （一）住宿业项目仍获投资者青睐

近年来，中端酒店、精品酒店、主题酒店以及精品民宿等不断获得风险投资、私募基金以及产业基金的关注。部分与住宿业相关的供应商和服务商也获得了资金关注。

专注于"深度情感化体验"、中端旅游度假的诗莉莉酒店，继 2016 年 4 月获得 PreA 轮融资 3000 万元后，2017 年 2 月又获得 1 亿元 A 轮融资。诗莉莉致力于为用户打造浪漫气息的精品度假酒店。成立之初便瞄准了互联网新消费市场，以"爱与美的共鸣"为核心理念，凭借场景式的空间布局、结合当地人文和以美至上的设计理念，满足新一代用户深层次情感需求的服务。诗莉莉的市场定位明确，其目标人群为追求个性化、小众化的 80、90 后群体，其中又以追求浪漫情感体验的女性和情侣为主。目标明确后，诗莉莉采取单点突破的策略，以云南为主要目标，深度挖掘云南度假市场，将酒店定在大理、丽江等度假热门胜地。在酒店的设计上充分展现"情感＋美学"的产品特色，为客户打造一个温馨舒适的浪漫空间。"诗莉莉"共有三个产品线。除了"泛蜜月客栈"之外，2017 年新推出"爱的美宿馆"和"爱的乌托邦"两款新产品。"爱的美宿馆"是指除了住宿产品外，围绕"艺术＋爱"的 IP，打造一个充满各类唯美元素的体验展览馆；"爱的乌托邦"指公司选择一些风景优美的乡村，将其重新改造为一个浪漫唯美的旅游主题小镇，住宿上融合"泛蜜月客栈"和"爱的美宿馆"两个产品。

民宿管理品牌"易民宿"成立于 2017 年 2 月，是一个民宿管理品牌，为民宿房东提供从房源设计、装修、软装布置，到分发渠道、运营、客服的服务。"易民宿"定位境外市场，主要在一些旅游热点城市和市中心布点，目前已经在东京、巴厘岛、普吉岛、胡志明等海外 8 个城市整合上线了 200 多套房源。"易民宿"根据物业情况与房东分成，其未来还会拓展 B2B 业务，对接 OTA 和传统旅行社。2017年 8 月，"易民宿"宣布已获 2000 万元 Pre-A 轮融资。

兔小二酒店管家以布草租洗为核心业务，致力于为酒店运营提供整体解决方案。截至 2017 年 8 月，兔小二平台共入驻 3522 家酒店和 80430 家商户。其母公司上海兔小二科技有限公司成立于 2015 年 4 月，该公司旗下的酒店运营服务平台致力于提供酒店行业互联网＋运营服务，平台分为酒店管家和出行助手两大系统。2017年 8 月兔小二酒店管家也获千万级 Pre-A 轮融资。

酒店小时房预订平台 HotelFlex 是总部位于伦敦的创业公司，致力于改变传统的酒店运营的方式，使得住客可以在任何时候办理入住和退房以及支付房费。HotelFlex 把每晚的酒店客房总价分摊到 20 个小时计算，根据客人入住酒店的时长来计算房费。目前他们正把这一技术提供给酒店及酒店使用的 PMS，并向酒店收取 15% 的佣金。2017 年 7 月获得美国著名孵化器 Y Combinator 共 12 万美元的种子轮融资。

Mantra Group 在澳大利亚、新西兰等地拥有 128 家物业 21 500 间客房。Mantra Group 以 5250 万美元从迪格集团（Deague Group）手中收购艺术系列酒店集团。这次收购涉及七家 Art Series 酒店共计 1000 多间客房，酒店分别位于墨尔本、阿德莱德和布里斯班。此次收购后集团拥有 135 家物业，将成为澳大利亚独资及本地最大的酒店经营者。

多彩投聚焦"空间众筹"的众筹平台，专注于营造新型生活空间的互联网金融服务企业，致力于提供基于生活方式和资产配置的众筹产品。多彩投设定的商业模式是：一方面对接酒店和民宿的经营者，发起众筹项目；另一方面对接投资人，投资人通过资金投资成为项目股东，投资金额 5000 元至 50 万元。投资者获得回报，除了每年预期的现金分红以外，还可拥有一定的消费权益，即外出旅游过程中可到众筹项目地进行消费。多彩投通过对"消费"属性的运作和强化，极大地拓展了"众筹"这一概念的内涵。多彩投通过股权类众筹链接资产与用户，进而通过消费权益流通和 PMS 等增值服务撬动酒店住宿市场的蛋糕，多彩投探索出了一条在泛旅居领域的共享经济新模式。多彩投最初定位旅游地产众筹，而目前在多彩投平台上，众筹项目的类型包括度假空间、健康空间、海外空间和娱乐空间，众筹方式涵盖私募股权众筹、消费众筹及收益权众筹。

**（二）从三大旅游市场发展趋势看住宿业投资机会**

从三大旅游市场发展走向看（见图 2-10），国内旅游持续增长，入境旅游在经过一个低迷期后，从 2015 年开始逐步恢复增长，特别是外国人市场增速更快一些。而出境旅游在经过多年的高速增长后，近两年增速明显回落，2016 年同比增速只有 4.3%。从 2015 年中国公民出境旅游的区域分布看，64% 为港澳台，20% 为亚洲地区（除港澳台外）（见图 2-11）。在出境旅游人数居于前 10 位的国家中，亚洲国家有 8 个，分别为韩国、日本、泰国、新加坡、越南、柬埔寨、印度尼西亚和马来西亚（见图 2-12）。鉴于目前出境旅游规模只有国内游的 2.5%，且主要出游目的地仍在中国周边国家，再加上国家对境外酒店投资的限制性政策和国家鼓励在"一带一路"上进行投资，未来一段时间，住宿业投资的国内机会优于境外机会，周边机会优于远程机会。

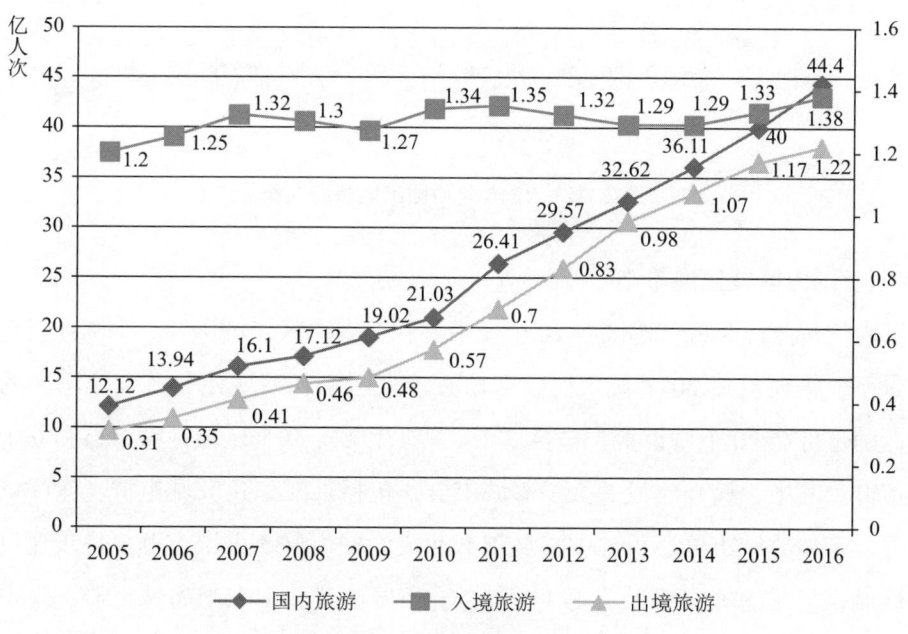

图 2-10　三大旅游市场规模

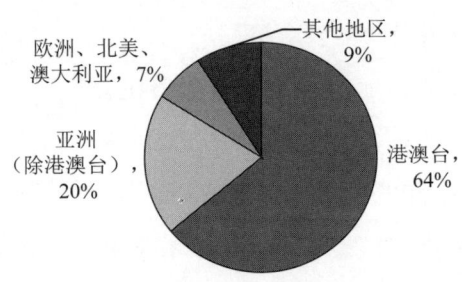

图 2-11　2015 年中国公民出境旅游区域分布占比

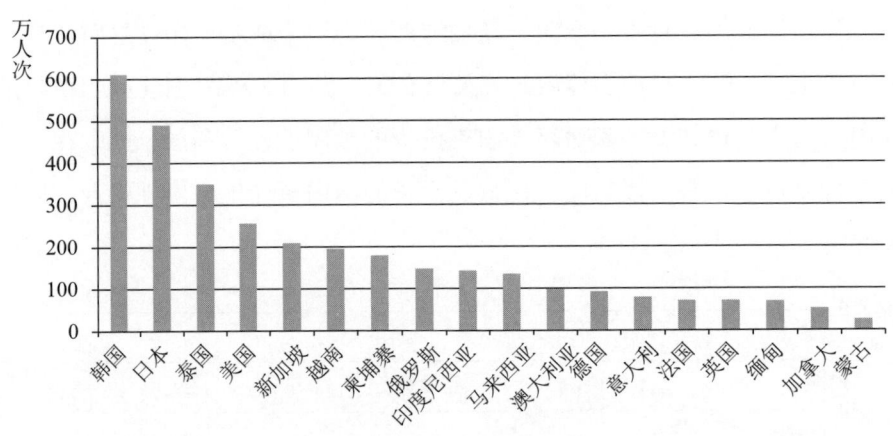

图 2-12　2015 年中国出境旅游人次

## （三）国内区域拓展策略

国内住宿业投资将首选围绕 20 个城市群和三大湾区经济展开。中国在新型城镇化背景下，需要打造 20 个城市群。从核心培育国家新型城镇化政策作用区的角度出发，确定打造 20 个城市群。包括 5 个一等城市群、9 个区域性城市群和 6 个地区性城市群。其中，核心建设 5 大一等城市群，包括长江三角洲城市群、珠江三角洲城市群、京津冀城市群、长江中游城市群和成渝城市群 5 大城市群。稳步建设 9 大区域性城市群（国家二级城市群），包括哈长城市群、山东半岛城市群、辽中南城市群、海峡西岸城市群、关中城市群、中原城市群、江淮城市群、北部湾城市群和天山北坡城市群 9 大城市群。引导培育 6 大新的地区性城市群，包括呼包鄂榆城市群、晋中城市群、宁夏沿黄城市群、兰西城市群、滇中城市群和黔中城市群。这 20 个城市群总面积占全国的 25%，却集中了全国 66% 的总人口、80% 以上的经济总量、

78% 以上的社会消费品零售总额。

未来中国建设三大湾区经济,这里仍将是住宿业投资的乐土。在国家大力推进粤港澳大湾区发展的同时,环杭州湾大湾区和渤海湾大湾区相继提出。在《深化粤港澳合作 推进大湾区建设框架协议》签署后,粤港澳三地将在中央有关部门支持下,打造国际一流湾区和世界级城市群。粤港澳大湾区指的是由广州、深圳、珠海、佛山、惠州、东莞、中山、江门、肇庆 9 市和香港、澳门两个特别行政区形成的城市群。粤港澳大湾区涵盖珠三角和港澳,无论是从面积、GDP 规模、人口、地理位置,还是经济发展前景,都足以和美国纽约湾区、美国旧金山湾区、日本东京湾区三大世界大湾区媲美。与粤港澳大湾区类似,杭州湾区也以上海、杭州、宁波作为三个顶点,具有发达的城市群,是我国最具竞争力的区域之一。杭州湾区城市包括:上海、杭州、宁波、嘉兴、绍兴和舟山。渤海大湾区是京津冀一体化的重要补充,也可以有效带动河北、山东、辽宁部分区域发展。渤海大湾区的城市主要包括北京、天津、大连、唐山、青岛、烟台、秦皇岛、威海等城市。特别是新成立的雄安新区,将成为其中举足轻重的一极。目前得到国家层面认可和支持的只有粤港澳大湾区,但是以南中北的区位来看,有可能在未来形成三大湾区遥相呼应的局面。湾区经济作为重要的滨海经济形态,是当今国际经济版图的突出亮点,是世界一流滨海城市的显著标志,发挥着引领创新、聚集辐射的核心功能,是带动全球经济发展的重要增长极和引领技术变革的领头羊。

**(四)境外投资区位选择**

1. 中国境外住宿业投资态势

近几年来,中资跨境并购酒店和住宿类资产的规模逐年增长,2016 年以来更是创出了新高。具体表现为 2017 年以来中资跨境并购酒店和住宿业的交易规模已经超过百亿美元,交易宗数达到 17 宗。而 2015 年一整年的规模为 18.4 亿美元,14 宗。长期以来,美国的酒店业吸引了较多的中国资本前去投资,2016 年流入美国酒店资产的中资达 90.68 亿美元。

2016 年,引人注目的交易包括,海航集团宣布将斥资 65 亿美元从黑石集团手中收购希尔顿集团约 25% 的股份。以中国人寿保险公司为首的投资集团与喜达屋资本达成协议,将对喜达屋资本旗下的美国酒店组合进行一笔总金额 20 亿美元的投资，包括 280 家位于美国的酒店。2016 年 4 月，信泰资本宣布以 5.7 亿美元（约合人民币 37 亿元）完成对美国 Hersha Hospitality Trust 酒店资产包的投资，信泰资本占 70% 优先股。

近期跨境酒店、住宿业并购热潮背后主要有四个原因：一是人民币潜在的贬值风险——投资者通过配置海外资产对冲人民币贬值风险。二是国内经济增速放缓，在这种情况下资金会自然流向经济环境相对稳定的成熟市场，如美国经济在过去几年持续上行，而且市场流动性佳、透明度高。三是国内优质资产竞争激烈、回报率下行，也推动了海外投资。四是从庞大的中国出境游群体中看到了巨大的商机。中资企业开始开展对中国出境游客相关产业链的布局，涵括从计划行程开始，到旅行社、到旅游保险、到交通、到航空公司、到外汇兑换、到酒店，涵盖旅游的各个环节。当然，也不排除通过海外购买和建造酒店以转移资产的可能。

不同投资主体进入住宿业的动机不同。如保险公司、主权财富基金等机构投资者，需要长期持有优质物业、追求资产稳定回报率，通常青睐酒店资产。这些投资者通过投资知名的酒店，可以获得规律的、相对稳定的投资收益。企业投资者则看重旅游协同效应。以海航和复星为例，它们在中国已经拥有旅游服务相关产业或者与旅游服务业有联系，投资海外酒店资产更多是为了获得运营平台，深入旅游服务相关产业，然后将品牌、人才、经验等带回中国。交易架构又以收购少数股权和成立合资公司为主。

2. 国家对外投资政策变动

近年来，房地产、酒店、影视、娱乐业、体育俱乐部等领域境外投资出现了非理性倾向，部分企业频频出手、大额收购，引起了市场和舆论的广泛关注。2017 年初以来，鉴于大量资金流向国外，国家外汇储备大幅减少，国家开始收紧对外投资审批。

2017 年 8 月，多部委联合发布《关于进一步引导和规范境外投资方向指导意见》，其中限制开展的境外投资包括，房地产、酒店、影视、娱乐业、体育俱乐部等境外投资；鼓励有序推进服务领域境外投资。《指导意见》将酒店等类境外投资纳入限制类，并要求相关主管部门实行核准管理，就是为了强化政府的政策引导，提示企业审慎参与。

此前，银监会还发布了《关于规范银行业服务企业走出去 加强风险防控的指导意见》提出，将建立企业境外投资合作黑名单制度，明确列入黑名单的企业标准，定期更新黑名单并向银行业金融机构发布，对违规投资行为实施联合惩戒。

分析发现，商务部反复强调的这几个行业都具有这样几个特质：通过并购不能给国内带来紧缺资源；通过并购不能给企业带来技术；不能对国内带来就业机会；企业估值具有巨大的弹性空间。

商务部新闻发言人表示，支持国内企业按照市场的原则和国际通行的规则，开展真实、合规的对外投资，特别支持"一带一路"建设、国际产能合作、产业转型升级的对外投资。同时将继续会同有关部门做好对外投资风险防范工作，确保对外投资健康规范有序发展，对房地产、酒店、影视、娱乐业、体育俱乐部等领域的对外投资，建议有关企业审慎决策。

但要准确理解"非理性"，如对娱乐等投资的限制，并不是反对文化"走出去"，我国对外开放的大门并没有关闭。同时也希望条件成熟的企业继续用好国际国内两种资源，为"一带一路"倡议和国际产能合作等国家战略贡献力量。

3.最新投资区位选择

从目前形势看，投资欧美发达国家住宿业受到一定限制，但响应国家"一带一路"倡议，到"一带一路"国家去投资住宿设施，中巴和孟中印缅走廊、东南亚等国家可作为优先考虑。国内部分央企和国企以及江浙部分民企，已经率先到老挝、柬埔寨、斯里兰卡等国家投资基础设施、城市综合体和旅游综合体，不少项目里都涵括酒店项目。例如：国内企业投资的斯里兰卡·科伦坡港口城，该工程将在科伦坡港口附近填海造地，建造集高尔夫球场、酒店、购物中心、水上运动区、公寓和游艇码头在内的港口城，项目涉及110公顷土地，中国拥有其中的20公顷土地的99年租赁权。

# 第三章

## 发展模式:从市场思维转向资本思维

## 一、住宿企业集团发展模式核心因素

住宿企业发展壮大所依托的要素不外乎是资本、品牌、管理能力或技术,任何一项要素发挥到极致,都可以成长为一家大型住宿企业集团(见图3-1)。

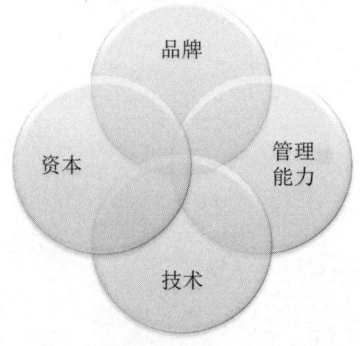

图3-1 住宿集团核心发展要素

### (一)以品牌为核心要素的发展模式

以品牌要素为核心形成的品牌运营公司,采取委托管理、品牌特许以及租赁经营等模式。如温德姆、万豪国际等以品牌输出为主的酒店集团,Calson饭店集团、Super 8等经济型酒店等所采用则是出售品牌区域特许经营权的发展模式。软品牌模式也是基于品牌影响力来运营的,如傲途格(Autograph Collection),豪华精选(Luxury Collection),星程联盟、尚美生活AARoom。

本土酒店集团的品牌谱已经建立得较为多元,较为完善。如果按照酒店数量和客房来统计,本土酒店集团已经在世界上占有重要位置。据《Hotels》杂志最新统计,2017年325强中,共有35家中国酒店品牌,其中9家为中国香港酒店品牌(见表3-1)。进入前三十名的中国酒店集团有9家,前一百名的有16家。但就品牌影响力而言，中国本土酒店集团还是大而不强。

表 3-1 本土酒店品牌谱

| 集团 | 高端 | 中档 / 精选 | 经济型 |
| --- | --- | --- | --- |
| 港中旅维景 | 维景国际、维景国际度假 | 睿景、维景、旅居 | 旅居快捷 |
| 锦江国际 | J品牌、锦江、维纳斯皇家、维纳斯度假村、铂涛菲诺、安泊、康柏 | 锦江都城、时尚旅、维也纳国际、维也纳酒店、维也纳智好、丽枫酒店、喆啡酒店、ZMAX、希岸酒店、稻家、派酒店、IU酒店、H12、欢朋酒店 | 锦江之星、金广快捷、百时快捷、维也纳3好酒店、7天、7天优品、7天阳光 |
| 首旅如家 | 建国饭店、建国璞隐、京伦饭店、首旅南苑、首旅漫菲、首旅寒舍 | 和颐、和颐至尊、和颐至尚、和颐至格、如家精选、如家商旅、颐居、驿居（金）、素柏云、睿柏云、逗号公寓 | 欣燕都、如家、莫泰、云上四季、驿居(蓝)、雅客e家、青巢公寓、逗号之家 |
| 华住酒店集团 | 美爵 | 喜玥、漫心、全季、星程、诺富特、美居、桔子水晶、桔子精选、桔子酒店、CitiGO | 汉庭、汉庭优佳、海友、宜必思、宜必思尚品 |
| 岭南集团 | 岭南花园、岭南东方、岭南5号 | 岭南佳园度假 | 岭南佳园连锁 |
| 开元酒店集团 | 开元名都、开元度假村、开元主题文化 | 开元大饭店、开元曼居 | |
| 华侨城 | 华侨城酒店、华侨城精品酒店 | 奥思廷 | 城市客栈 |
| 海航集团 | 唐拉雅秀、海航大饭店 | 海航商务、NH酒店 | 海航快捷 |
| 绿地集团 | 铂瑞 | 铂骊、Q酒店 | |
| 保利酒店集团 | ARTEL 雅途 | N+ | |
| 万达集团 | 嘉华、文华、瑞华 | 锦华 | |
| 凯莱国际 | 凯莱大饭店、凯莱度假村 | 凯莱饭店、逸郡饭店 | 凯莱驿站 |
| 世贸君澜 | 君澜度假、景澜 | 君亭 | |
| 天伦国际 | 瑞廷 | 瑞格 | |
| 深航饭店 | 深航国际 | 深航精品 | 深航假日 |
| 粤海国际 | 粤海国际饭店 | 粤海饭店 | 粤海之星 |
| 书香酒店集团 | 书香府邸 | 书香世家、书香门第 | |

续表

| 集团 | 高端 | 中档/精选 | 经济型 |
|---|---|---|---|
| 岷山饭店集团 | 岷山饭店 | 安逸158 | |
| 华天酒店集团 | 华天 | 华天商务 | |
| 河南中州 | 中州国际饭店 | 中州商务饭店 | |
| 碧桂园凤凰 | 碧桂园凤凰、碧桂园假日 | | |
| 浙江旅游集团 | 浙江饭店 | 浙旅名庭 | |
| 金陵饭店集团 | 金陵 | | |
| 格兰云天 | 格兰云天国际 | 格兰云天、天阅 | |
| 亚朵酒店 | | 亚朵酒店、轻居、公寓、The Drama | |
| 东呈酒店集团 | | 城市便捷、宜尚、万枫 | 怡程 |
| 住友酒店集团 | | 智尚 | 布丁、驿佰居、漫果 |
| 尚美生活 | | 尚客优精选、兰欧、花美时、假日美地 | 尚客优快捷、骏怡 |
| 99旅馆连锁 | | 爱陌公寓 | 99旅馆、99优选酒店、99新标酒店 |

就酒店的软品牌模式而言，特别是精品酒店的软品牌模式在欧美国家比较流行。目前，精品酒店的发展面临着个性化与规模化之间如何平衡的困境：个性化意味着高成本，规模化可降低成本增强盈利能力，但将弱化个性化。对单体精品酒店，即保持独立性、独特性与营销、预订等运营成本过高之间如何平衡；对精品酒店连锁集团，即规模化、标准化与个性化、独特性之间如何平衡的问题。其化解之道就是建设精品酒店的软品牌（soft brand）。

单体酒店和品牌连锁酒店之间的界限在模糊，软品牌是介于二者之间的一种形式。软品牌也可称之为准品牌（quasi brand）或签名品牌（signature brand）。软品牌也不等同于酒店联盟，而是超越一般联盟，以公司化、集团化来运营。软品牌是相对于硬品牌而言的。我们可以把那些拥有一套统一的VI系统、硬件和软件标准的品牌称之为硬品牌。硬品牌酒店通常会被视为标准化和千篇一律，降低了业主独立性，也限制了其拥有的创造力。

加盟软品牌，酒店不需要受品牌标准的束缚，不需要统一的标识系统、设施设备、酒店用品、人员配备等；软品牌给予业主更大的灵活性，可保留酒店名字的独立性和自己的品牌身份，独立经营自主决策，保持酒店的个性特征和魅力。软品牌让独立酒店充分利用软品牌或所属酒店集团的中央预订系统、营销和销售渠道、顾客忠诚计划等资源，以更高效地获取客户；软品牌还可提供后台管理系统、收益管理系统、人员培训、集团采购等，以降低营业成本，提升运营效率；也有软品牌提供更多服务，如设计酒店集团（Design Hotel AG）还提供设计咨询。软品牌酒店管理公司制定准入门槛和进行品质监管。

精品酒店软品牌模式大体可分为三类，一是独立发展的精品酒店软品牌，如 Great National Hotels and Resorts、Destination Hotels 等；二是附属于大型酒店集团旗下的精品酒店软品牌，如豪华精选（Luxury Collection）、傲途格（Autography Collection）等，这类软品牌的名字中通常冠以 Collection 或 Portfolio 为后缀；三是所谓的代表公司型的（Representation company）精品酒店软品牌，如 the Leading Hotel、Preferred Hotels、罗莱夏朵、SLH 等。

为了抢占软品牌市场，国际酒店集团通过自设和并购软品牌快速进入该市场，如最近希尔顿设立的 Curio Collection，喜达屋设立的 Tribute Portfolio 等，喜达屋收购了设计酒店集团（Design Hotel AG），而洲际酒店收购了金普顿酒店集团（Kimpton Hotels & Restaurants）。对于酒店集团而言，在那些进入障碍难以逾越的市场，发布软品牌通常是建立渠道相对并不昂贵的方式。对于那些被收购的软品牌来说，在共享集团庞大会员群、销售渠道和预订系统的同时确保运营的独立性是需要解决的问题。

精品酒店是加入一个软品牌还是独立运营，选择时也需要考虑酒店的目标消费者、营销收益、设计和运营指导原则以及与品牌化相关的成本。相对加入硬品牌而言，加入软品牌一般来说成本更低，合同更灵活。加入软品牌，可节省重新装修、更换标识系统和酒店用品以及人员培训的费用，但获得软品牌公司或背后品牌酒店集团的推荐网络和预订系统，需要支付一定的费用。软品牌的费用结构一般是会员费＋收入百分比＋营销费用。

软品牌在商业方面更具持续性，可以提供硬品牌所有的好处，但不必承担长期合同和高成本的特许经营费等负担。加入软品牌介于加入连锁品牌和保持独立运营之间，软品牌更像是一个合作伙伴，很多软品牌费用是基于绩效的，合同期限3到5年，也有1年的。

精品酒店是独立运营，还是选用品牌连锁，抑或是采用软品牌，并非一成不变。当酒店业主缺乏管理经验时，会加入硬品牌；当目的地尚未成熟或还未成为受欢迎的目的地时，加入硬品牌可为其带来客源；但当业主拥有较为丰富的管理经验或目的地较为成熟时，他们更愿意独立经营或加入软品牌。

例如，Thayer Lodging Group 在收购 Diplomat Resort & Spa in Hollywood 后，保留了酒店名字，但脱离了威斯汀酒店品牌，并最终加入了 Curio 软品牌。加入软品牌后，在管理方式上，若业主具有运营能力，会选择自己经营；也可采取委托集团管理或第三方酒店管理公司管理。在酒店名称上，那些坐落在历史建筑、地标性建筑、特色鲜明的建筑或知名度高的建筑里面的精品酒店，更愿意保留自己的名称和品牌。一些新建精品酒店在加盟软品牌时通常会在名称里植入软品牌，如海口中弘傲途格酒店。当然，也有老酒店也愿意植入软品牌名称，如上海衡山路十二号豪华精选酒店。

软品牌精品酒店带给消费者更大体验满意度。软品牌具有更大的灵活性，带给消费者更多独特性体验，更受消费者欢迎。硬品牌有可预期性，而软品牌往往带有更多惊喜成分。顾客期望在价格选择之外还能够获得单独的、特别的殷勤招待体验。软品牌强调满足、创造顾客的个性化需求。

精品酒店软品牌成长速度超过硬品牌。傲途格 2010 年发布，目前已有 80 多家酒店。雅思得（Ascend）五年内就发展到 100 家酒店。从经营绩效看，软品牌公司除了自己的预订网络和会员系统，还与大的旅行机构建立紧密联系，来自软品牌的预订系统的比重显示软品牌对于销售和营销努力有着正面的效果。同时，根据 STR 收集的数据显示，2014 年美国硬品牌酒店取得了更高的入住率，但软品牌酒店取得了更高的平均房价和每房收益。从客房价格层面而言，硬品牌酒店通常有非常清晰的客户群和定价策略，而软品牌酒店有更广泛的用户基础和更为灵活的定价策略。对业主而言，软品牌是赋予独立酒店以更多自由、独立性、独特性，且获得很多附属于一个品牌好处的一种方式。

总体而言，加入软品牌，精品酒店可在保持独立性的同时获取连锁化带来的好处，达到了鱼与熊掌兼得的效果，同时也带给消费者更加个性化更加满意的体验。精品酒店的软品牌将会成为国内精品酒店发展的一种新模式和新趋势。

**（二）以资本为核心要素的发展模式**

资金实力强大的企业集团以资本要素为核心介入酒店的投资和资本运作，进而形成大型酒店集团。例如，美国 HOST 饭店集团、Sunstone 饭店投资公司等采取饭店不动产信托投资基金（REITs）模式，以国内万达集团、保利地产和绿地集团为代表的房地产商，前期凭借资金实力，建设了不少酒店，都是委托国际或国内酒店集团进行管理。随着酒店数量增多，部分地产商开始筹建自己的酒店管理公司，也有部分集团将自己的酒店打包通过 REITs 模式上市，如开元酒店集团、绿地酒店集团等。金茂酒店集团的酒店采用的是商业信托模式（BT）上市。

对于投资大、回收期长、变现能力差的酒店物业开发来说，酒店 REITs 具有极为重要的意义。REITs 模式不仅为酒店业提供了一种新型融资方式和变现模式，还为其运营和扩张提供了一种新的运作思路。一方面可以使资本金变现，增强资金的流动性；另一方面可以将不动产售后回租，保证了区位优势（相对传统租赁管理模式）、控制力优势（相对参股控股模式）和高收益（相对委托管理模式）。

当前，我国酒店业的融资尽管有上市融资、私募股权投资、引入境外风险投资、银行信贷等多种方式，但仍以贷款这种间接融资为最主要的融资方式。随着信贷门槛不断提高，迫使酒店开发企业寻求新的融资渠道。酒店 REITs 可以将流动性差、但能够产生稳定现金流的一部分优质酒店物业资产通过间接出售证券的方式变现。酒店业主通过这种交易方式可以提前获得现金流入，而不用增加借款或者抵押贷款。REITs 凭借原始权益人的部分资产的预期收益来融资，投资者在进行购买决策时，主要依据这些资产的质量、未来现金流的可靠性和稳定性以及交易结构的严谨性和有效性。发行 REITs 有支付担保费用、评级费用、托管费用、服务和管理费用等交易费用，但与传统融资方式相比，成本仍要低。REITs 的发展为酒店企业提供了一种新的运作思路：先通过银行贷款、私募基金投资以及上市发行股票等渠道投资、收购酒店的物业并进行管理，待运作成熟并产生稳定回报率之后，将这类物业转入 REITs，通过出售物业回笼的资金又流向上市公司，用于下一轮酒店的扩张。

### （三）以管理能力为核心要素的发展模式

如果一家公司既没有强大的资金实力，又没有具有影响力的酒店品牌，还可以借助其良好的酒店运营管理能力来形成第三方（独立）酒店管理模式，并发展成大型酒店集团。例如，锦江集团所收购的美国州逸酒店集团和美国的华人企业林氏集团都采取这一模式。第三方酒店管理模式是第三方专业管理公司接受业主委托，获得其他酒店集团的品牌特许，来负责酒店日常运营的管理模式。酒店业主向品牌持有人支付品牌费，第三方酒店管理公司依据管理合同收取管理费。

第三方酒店管理模式的最大优点是将品牌与管理分离，给予业主很大的自主权，可以根据运营情况选择和更换品牌，更具灵活性，可以将国际化与地方化结合，综合利用各种资源组合。鉴于国内许多酒店其实都是房地产发展的衍生品，也是国内房地产开发商在做整体项目规划当中的一配套项目，但酒店运营并非房地产开发商的强项，第三方酒店管理可以为其提供更专业化的经营与管理服务。第三方管理的介入在良性运营的同时为酒店留下了宝贵的运营机制和扎实的管理团队，若干年后如业主决定自己自营酒店，则成熟建制和班底将成为经营的核心力量。

### （四）以技术为核心要素的发展模式

若一家公司想介入酒店投资或运营管理领域，既无资本、业务品牌和运营管理能力，但若拥有先进的商业模式和技术手段，也可能发展成一家住宿企业集团。以Airbnb、途家网、小猪短租等为代表的住宿分享平台公司，就是以互联网技术要素为核心整合分布在全球的住宿单位形成的短租/度假租赁运营管理模式。

当然，随着集团发展壮大，不少酒店集团在资本、品牌、管理能力以及技术方面拥有两种或以上强项，甚至一些实力强劲的国际酒店集团各方面都具备了较强实力。

## 二、酒店集团发展模式的演化

国内酒店集团发展模式开始从注重市场思维转向关注资本思维（见图3-2）。市场思维关注的是如何经营酒店，从顾客在哪儿，对其进行营销，对酒店进行日常的管理等，这些方面国内酒店都已经有了巨大进步，但是从资本的角度思考主要是近几年开始的。

酒店发展模式变化的一个重要方面体现在从以前的重资产模式到轻资产模式的转变，其实就是在思考运营的资本成本问题。现在不少酒店集团开始聚焦酒店托管，做品牌特许经营，甚至对主题酒店或者精品酒店采用软品牌运营商模式。国内华住酒店集团的中端酒店品牌星程酒店以及尚美生活推出的经济型酒店品牌拓展模式AAROOM都是基于软品牌模式。还有把酒店运营管理与资产管理剥离开来，然后将酒店资产用REITs或者用商业信托（BT）模式上市，如开元酒店在香港以REITs模式上市，绿地酒店也在新加坡以REITs模式上市，金茂集团在香港以商业信托模式上市等，这样酒店投资就得以变现，以达到资产变轻的目标。国际上一些酒店集团将资产管理和分时度假业务分拆分别上市来实现轻资产运作模式。例如，万豪国际剥离酒店资产后组建了以房地产信托投资基金公司（REITs）模式上市的HOST公司，剥离分时度假业务组建了Marriott Vacations Worldwide Corp，而万豪国际目前专注于酒店管理和特许经营业务。2017年4月，希尔顿控股将旗下部分酒店不动产拆分并重组为不动产投资信托公司Park Hotels & Resorts，而分时度假业务也被拆分为Hilton Grand Vacations，然后分别上市。

其次是酒店集团融资模式从债权型到股权型。初创型精品酒店、主题酒店、中端酒店、经济型酒店以及精品民宿等住宿业态，近年来的快速发展基本都采取风险投资或私募股权基金等融资模式，如君亭、花间堂、亚朵酒店等。一些具备一定规模的中端酒店集团则采用引进战略投资或财务投资者实现融资目的，如维也纳酒店集团、桔子酒店集团等。其中铂涛酒店集团和维也纳酒店集团通过被上市公司收购的方式实现了资产证券化。

从进入行业的主体看，早期主要是产业资本，近年来金融资本也积极介入酒店投资和运营管理。例如，私募股权基金黑石集团、安邦保险公司，产业投资公司复星集团等金融资本，近年来都进入到住宿这个行业。其中安邦保险收购了纽约华尔道夫酒店和黑石集团旗下的Strategic Hotels&Resorts，复星集团收购地中海俱乐部（Club Med）并在国内大规模拓展该品牌。此外，复星还收购了位于日本北海道的星野Tomamu度假村。

还有从扩张模式看，也从市场思维向资本思维转变。以前扩张多采用内生增长模式，现在越来越多采用并购重组或参股等外延式增长模式。例如，锦江酒店集团、首旅酒店集团、华住酒店集团等近年来都实施多项并购交易，集团规模迅速壮大，进入世界酒店集团前20强。海航旅游集团斥资60亿美元收购希尔顿酒店集团25%股权，收购美国Carlson酒店集团等。

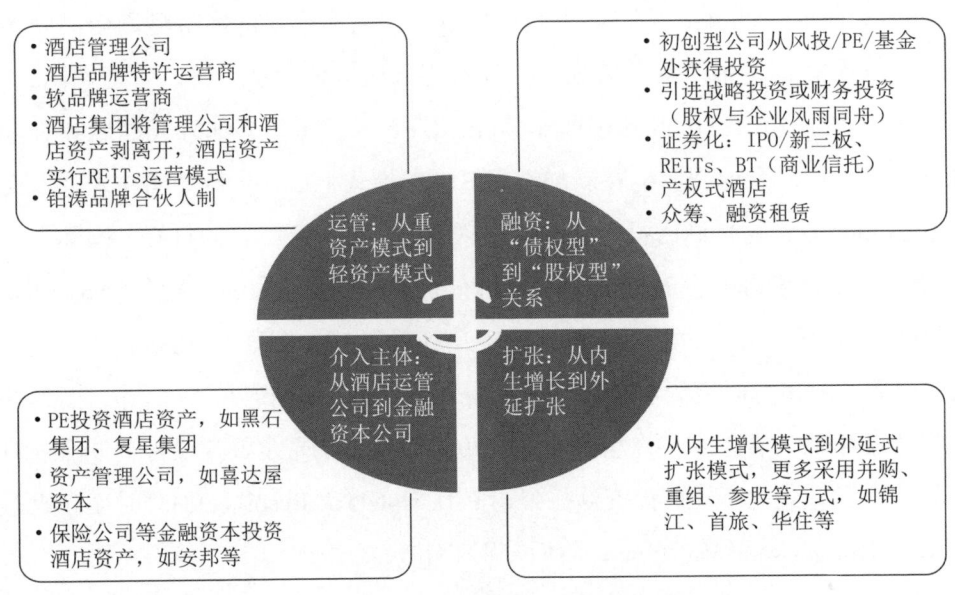

图3-2　从市场思维到资本思维

## 三、发展模式未来走向

### （一）软品牌模式未来潜力巨大

精品酒店软品牌在国际上已有50余年的历史，已经有60年历史的罗莱夏朵和1995年发布的豪华精选（Luxury Collection）都是较早以软品牌营销酒店的机构。软品牌这种形式近年来在国际上开始流行，特别是欧美国家精品酒店较多采用软品牌模式，但国内精品酒店软品牌尚处于萌芽状态。

在中国市场上，可以观察到少数中端酒店和经济型酒店采用类软品牌的模式来运营，未来以软品牌模式来运营的精品酒店组织一定会出现。目前华住酒店集团的星程酒店（中档酒店）和尚美生活的AAROOM（经济型酒店）采用的发展模式与软品牌类似。华住集团收购携程旅行旗下的星程酒店品牌后,目前又推出了星程精品酒店,该品牌定位于中高档酒店市场,面向中高档商务人群,价位在400~600元,硬件设施达到四星级标准,整体风格高雅,装修精致,突出这一阶层顾客的文化及艺术品位。从价位上看,该品牌应属于中档酒店里的高端品牌。尚美生活推出的AA ROOM 计划,将通过与全国中小城市的单体酒店合作,为合作酒店提供统一的品牌标识、统一的会员价格体系、统一部分设施和物资。酒店通过"AA 旅行"APP的中央预订平台预订房间,共用尚美生活全国千万级的会员网络,并统一使用尚美生活的云酒店管理系统。

99旅馆连锁推出的99优选也类似于软品牌模式。99旅馆在做小体量和低端市场的时候发现,很多20到60间房的小体量酒店做得不错,只是苦于没有品牌优势。于是适时跟进,推出了99优选。据悉,99优选酒店以尊重本土化、个性化为产品理念,采取轻标准加盟的方式,最大限度地保留酒店原有的硬件设计特色,通过对客用品的品质提升,优化顾客体验。每家店都是店主精心打造,为消费者提供更加舒适、安心的住宿体验。

**(二)第三方酒店管理模式条件逐渐成熟**

从国际酒店集团发展的进程看,当酒店品牌的成长与发展壮大到一定程度时,都会借助于第三方酒店管理公司进行市场拓展。国内酒店品牌正处在高速成长阶段,与第三方管理公司合作能加强自己的品牌输出与管理,助推酒店集团的成长速度和品牌的国际化。

自"学习建国"至今,国际酒店集团和早期国内一二线城市的四五星级酒店的旗舰店(如北京的建国饭店、上海的锦江饭店、广州的白天鹅和白云宾馆、南京的金陵饭店、长沙的华天酒店等)为国家培养了大批酒店职业经理人和经营管理人才,他们目前有的在国际酒店集团重要岗位任职,也有的在国有和民营酒店集团或单体酒店任职,甚至有部分职业经理人来自创新的酒店投资公司或酒店管理公司。总的来说,中国目前在酒店运营方面人才还是非常充沛的,这为开展第三方酒店管理模式储备了大量人才,因此在第三方酒店管理公司的人才供应方面已经具备条件。其次,国内酒店业主经过这些年的熏陶,对于各类酒店管理模式已经较为了解,他们越来越注重经营的实效,因此对第三方酒店管理模式的认同度在提升。

国内各地的酒店业主越来越注重长远效益及其资产的投资回报。在业主看来，第三方酒店管理公司成为业主与品牌方的"中间人"和协商平台，来缓解他们之间利益冲突。第三方酒店管理公司的沟通半径相对要短得多，没有过多的束缚。在秉承高服务品质的前提下，围绕顾客和效益来展开。由于国内酒店业和业主对合作的渴望更诉之于业绩的空间，第三方管理公司在国内已逐渐培育出高效的营运支持模式和对应的客源渠道的开发能力。相对于品牌方，第三方酒店管理更专注并专业于运营绩效、标准体系、团队培养和渠道的深度整合。

在直销和分销渠道的组合上，第三方酒店管理公司做得比很多品牌方的管理还要出色，对成员单体酒店订房输送极为高效（包括集团直销、旅行社、航空公司的组合营销与产品包装设计上）。他们应用了很多平台公司的资源和营销推荐手段。由于第三方公司以运营和资源支持作为管理推进的核心，所以在不同的项目嫁接上能够快速分类客户，细分渠道。第三方管理尤其能够为业主建立起健全且具有黏性的会员体系，维护优质客户和会员转化。

第三方酒店管理公司可以根据约定，按业主酒店项目的特点和市场定位来定制每一个充满地域属性和风格的单体酒店，从而最大限度地将项目开发风险降低到可承受的范围内，并提高业主的投资回报率。例如，在项目设计阶段，第三方管理公司就会直接参与其中，协助推荐设计单位、协调相关案例项目调研考察、派出专业服务团队全程参与策划、设计等，为酒店项目建设提供了强有力的技术服务。由于第三方酒店管理公司掌握了酒店的运营，积沉了大量的管理人才。这种优势造就了第三方酒店管理公司能在艰难的环境下，用最短的时间提供灵活的经营战略。此外，由于得到酒店管理集团支持和业主配合，第三方酒店管理公司让酒店人员数量得到控制，也避免了操作流程的繁复，更有效地为业主争取更大的效益空间。

目前，上海中心的J酒店开业后将由州逸管理，以第三方管理为主的笙美已在华东地区的轻奢酒店领域有所布局，广州豪亿酒店管理公司和温德姆酒店品牌合作接管众多酒店。相信第三方酒店管理模式在中国会得到更大的发展。

**（三）酒店集团业务分拆**

2017年初，希尔顿全球控股分拆为三家独立公司。将旗下部分酒店不动产拆分并重组为不动产投资信托公司Park Hotels & Resorts，而分时度假业务也被拆分为 Hilton Grand Vacations，希尔顿酒店则专注于酒店管理和特许经营业务。Park Hotels & Resorts 获得了希尔顿证券投资组合中的 67 家酒店不动产，其中 85% 的房间属于奢华或高端层级，90% 的酒店位于美国境内。而 Hilton Grand Vacations 则拥有包括位于夏威夷、纽约、洛杉矶等地在内的 46 个分时度假设施，服务会员已超过了 25 万。此次拆分完成后，希尔顿全球控股变为三家上市公司，同时充分利用资本市场和税收效率，有助于希尔顿各业务板块发挥更大价值。万豪国际酒店集团也早已分拆为三家独立公司，分别为不动产投资信托基金公司 Host Marriott，分时度假公司 Marriott Vacations Worldwide Corp，万豪国际则专注于酒店管理和特许经营业务。

因为国内酒店集团分时度假业务基本没有开展，在国内发行酒店 REITs 也存在政策上的障碍，因此不可能像万豪和希尔顿这些酒店集团这样进行业务拆分。但国内综合性的酒店集团，可以将酒店的资产管理和酒店的运营管理拆分开来。未来随着 REITs 的放行和分时度假业务的开展和成熟，国际酒店集团采用的模式在国内也可借鉴。

### （四）启动酒店 REITs

目前酒店建设主要依托于三种融资渠道：银行贷款或表外融资、通过互联网金融平台发行理财产品、股权融资或股东借款、私募融资。上述融资途径普遍存在规模有限、成本较高的问题。酒店 REITs 拥有更强的融资能力，且不需要主体担保，可以独立运营，其发展空间更大更广，相信酒店 REITs 的受欢迎程度也更高。如果能以类 REITs 或者真正意义上的 REITs 来进行融资或退出，虽然比较复杂，但资金数额规模相当可观。

但是出色的酒店资产管理还需要克服三个方面的问题：一是如何平衡酒店估值。估值过高，投资者风险扩大；估值过低，对酒店持有方没有吸引力，尤其是酒店评估历来难以掌握其度。二是税收问题，税费是影响资产证券化的关键要素。美国 REITs 具有税收优惠，在公司层面可免征企业所得税，同时美国 REITs 投资的房产也属于免税资产。然而，目前我国还没有税收支持政策，在不动产转让、REITs 运行和投资人获得收益等环节均存在较高税负。三是运营管理，只有通过经验丰富的酒店运营商出色的创新管理，才能保证酒店资产证券化能顺利推进。

作为一个综合性的投资工具，REITs 虽然具有风险分散化、分红比例高、流动性强等优势，但是我国 REITs 的发展仍面临缺乏发行上市的交易机制以及法律、财税、监管标准等问题。未来我国酒店 REITs 的发行还需要从以下几个方面去努力：一是建立发行 REITs 的政策和法律体系，尽快确定房地产投资基金的存在形式；二是建立相应的监管体系，以规范市场参与者（如投资银行、基金管理公司等）的行为，保证基金的安全和稳健；三是建立 REITs 的交易和退出机制；四是完善中介服务机构，规范信用评估和价格评估；五是总结国外 REITs 的成功经验，培训高素质的 REITs 管理人才。此外，我国要成功发行酒店 REITs，还需要较为成熟、能提供较高收益率的酒店资产作为支持。

2017 年 9 月上旬，报道称证监会正在加紧研究制定相关的政策法规，而在国家鼓励住房租赁市场发展和多地推进租赁新政加大金融支持的大背景下，租赁运营类、公寓类以及公租房等相关企业的 REITs 将成为政策最先鼓励的方向。通过研究美国、新加坡等国 REITs 行业的运营机制和成熟监管经验，可以更好地推动我国 REITs 产品设计和制度环境建设，推动公募基金、养老金投资于优质基础资产，逐渐完善资产管理市场三层架构，支持实体经济转型升级，推进全民共享酒店产业发展成果进程。

### （五）发展分时度假

在欧美等国家，分时度假有着完善的立法体系和成熟的运营模式，已成长为旅游业增长最快的部分。据统计，美国 2006 年的分时度假产业收入已突破 100 亿美元，目前已有约 800 万家庭拥有分时度假所有权，在美国家庭中的市场渗透率 7%，尚有 5300 万家庭的可开发目标市场，被认为市场渗透仍然明显过低、潜力巨大。分时度假产业在欧美的发展也并非一帆风顺。消费者对分时度假的理念认识经历了早期"拥有酒店比租赁房间更便宜"到能够"拥有他们的度假"，从将分时度假物业视为一种投资方式到将之视为一种度假选择，从受到传销般的强力推销压力到目前主动咨询和购买的变化。早期分时度假也是一个不被人接纳的产业，随着各种管理机构施加了严厉措施和不断实施改进规制，到 20 世纪 90 年代，分时度假产业在欧美国家才开始树立了消费者友好和正面的声誉。

分时度假作为带有金融属性的产品，也受到 2008 年金融危机的影响，2009 年美国分时度假产业收入遽降到 63 亿美元，此后又逐步回升，2015 年达到 86 亿美元

（见图3-3）。

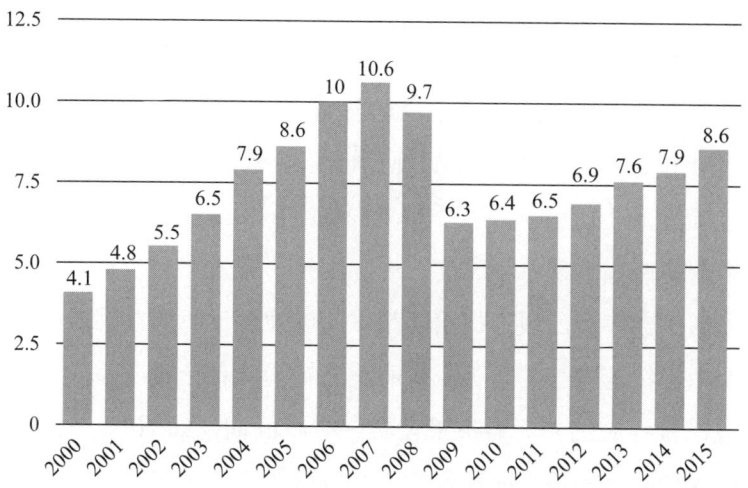

图3-3 美国2000-2015年分时度假产业收入

分时度假作为对不同区域和时段的度假资源进行优化配置的模式，在中国经历了短暂兴起与快速衰落，目前留在人们印象中的仍是无尽的纷争。目前，分时度假在中国大规模发展的土壤还不具备，但国民旅游休闲纲要的出台将逐步让国民认识到休闲度假是每个人的权利，带薪休假制度也将逐步得到落实，国内旅游度假大发展的时代在不久的将来就会到来。

分时度假本身是度假旅游发展的产物，但其发展不会随着度假旅游的发展而自然演进，以下几个方面将有利于为其发展创造条件。

一是制定规制分时度假的相关法律法规。在美国，每个州都制定有专门的分时度假法规，2017年6月美国佛罗里达州还通过了《佛罗里达分时度假交换公司法规》，聚焦于保护分时度假所有者和协会免受无良交换公司欺诈。条款的主要方面包括，在分时度假所有者签订书面合同之前禁止交换公司收取任何费用，也要求交换公司把分时度假所有者交来的任何款项存入托管账户，直到交易完成。这些条款也为消费者提供额外的保护，以使现有分时度假所有者受到交换欺诈的风险降到最低，但不会限制他们交换或者转卖其分时度假产品的能力。法规还禁止向任何没有能力、收入或意愿支付所有费用的人交换分时度假产品。中国在《旅游法》出台后，在落实过程中如果能专门制定分时度假法律法规，将对分时度假产业的发展起到巨大的提升作用。

二是成立一个联合监管机构，保障分时度假产业的良性运行。目前我国缺乏分时度假法律法规加上监管机构缺位，无良企业得不到惩治，消费者权益得不到保障。在澳大利亚，分时度假计划受到规制已经近30年了，有多个部门对其监管。2005年，国会企业和金融监管联合委员专门提交了一份针对分时度假行业法规的调查报告，其中全面调查了现有分时度假规制安排的有效性和改革分时度假行业规制安排可能模型的优劣势等。报告提出了很多建设性意见，如在销售人员培训中应包括避免压力推销等特定内容的培训，应明确告知消费者分时度假产品不包括任何形式的所有权或产权；为消费者做决策设置一个冷静期，如10个工作日的强制性冷静期；对于那些能够合理地表明他们签订分时度假合同是由于身体、精神、社会或经济上的威胁或恐吓的消费者，这些条款应该给予他们全额退款的补救办法。

三是鼓励大型酒店集团参与分时度假的开发和运营管理。从欧美经验看，分时度假行业形象改善的一个重要方面是众多声誉良好的公司涌进这个市场，如万豪、迪士尼、雅高、希尔顿、凯悦和温德姆等。这些公司投入了大量资源告知公众分时度假所带来的好处，抵消了分时度假行业早期不良声誉的影响。这些公司竖立起来的分时度假品牌改善了产品形象并促进了销售和转售。鉴于国内部分旅游集团已经逐步建立较强的品牌影响力和信誉支撑，他们的进入将会显著改变市场格局，并将引导市场良性发展。

此外，目前国内可供交换的分时度假资源有限，虽然一些国际分时度假交换公司理论上可在世界范围内交换，但中国旅游者只能交换对中国开放自助游的国家，很多国家可能并不在交换系统中。因此，大集团的进入将会大大增加度假资源的供给规模。

# 第四章

## 高新技术：让住宿业更智能高效

除了互联网和移动互联网的应用，酒店业对人工智能、生物识别技术、虚拟现实、大数据、物联网、3D打印、低碳环保以及区块链技术都高新技术都开始尝试应用，以使酒店住宿业更加智能高效，更加低碳环保（见图4-1）。大数据目前已广泛应用于酒店的选址、消费行为分析、市场定位、产品设计、市场营销、收益管理、供应链金融等多个领域，为企业投融资和运营管理决策提供重要支撑。互联网正在重塑酒店住宿产业链，用互联网来变革和优化其价值链的各个环节，帮助住宿企业提升效率，降低成本，挖掘需求，精准营销，捕捉顾客所需，提升客户体验，构筑和巩固其核心竞争力。

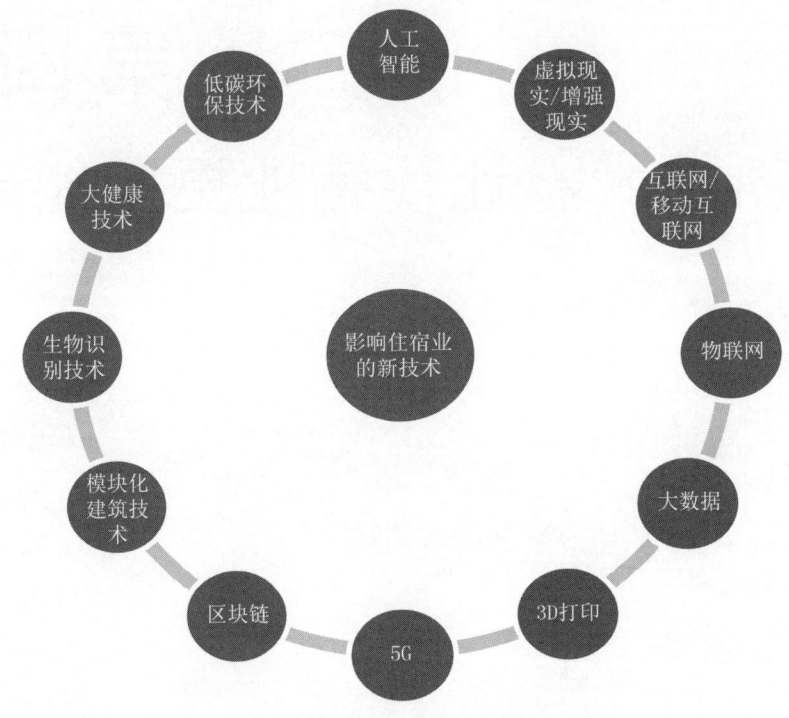

图4-1　新技术应用于住宿业

## 一、生物识别技术应用

公安部第一研究所提出建立可信身份认证体系，并且完成"网络可信身份认证服务平台"的研发，其中包括身份证网上副本签发系统。网络可信身份认证服务平台建立了多因子和多认证模式的系统，包括生物识别、"身份证网上副本"等技术手段。目前，"身份证刷脸"是首选的生物识别办法。借助"身份证网上副本"技术，结合密码认证，脸部、指纹等生物特征验证等方式，可实现互联网上的"实名＋实人＋实证"的真实身份认证。刷脸比对的是公安系统中的高清照片，面部识别的精准度非常高。头发变长短，稍微的胖瘦对识别结果是没有影响的。人脸识别的技术已超过了人眼识别的精准度。实现网上身份认证需要分两步走。第一步，居民持身份证到可信站点申请"身份证网上副本"，这需要一个面签的过程。申请后，居民可以把副本下载到终端设备进行应用。可信站点包括派出所、银行、政务中心等授权点，今后授权点会逐步扩大范围。第二步，电子商务平台、电信通信平台、金融机构、网络服务提供商等需要接入身份认证平台，通过该平台就能对公民身份完成认证。

生物识别技术开始应用于酒店 CHECK-IN，将实现酒店前台无人化。根据公安部研发出与实体身份证唯一对应的"身份证网上副本"，借助"身份证网上副本"生物识别技术，结合密码认证，脸部、指纹等生物特征验证等方式，可实现互联网上的"实名＋实人＋实证"的真实身份认证。有了"网上身份证"，以后住酒店、证券开户等需要刷身份证的都可以直接刷脸。目前第一期平台建设工作已经完成并开始在天津等地酒店投入试点应用。阿里飞猪推出的"未来酒店"也采用刷脸入住。客人直接点击刷脸机触摸屏上的"未携带身份证件"，输入身份证号码，屏幕跳出摄像头，人脸识别后，即可迅速 Check in，整个过程不到 1 分钟。在整个流程中，飞猪直连 PMS（酒店管理系统），悉点系统直接对接公安系统认证，双方结合实现信息实时互通。飞猪的刷脸入住系统，直接将酒店、飞猪、公安系统打通，入住酒店只需要一次身份认证，对酒店和消费者都大大节省了时间。此外，以往顾客没带身份证，需要去附近派出所开身份证明，非常麻烦，而这套系统由于直接与公安系统打通，顾客即使没带身份证也能刷脸入住。

## 二、人工智能技术的应用

未来学者研究称,未来酒店无论服务、硬件还是入住体验都将完全不同于现在,住店客人入睡时甚至可以自选想做什么梦。未来酒店将大量采用生物识别、3D打印和机器人等高技术产品,彻底革新入住酒店的体验。到时候,人们可依赖类似苹果手机语音助手Siri的智能软件制订行程、预订房间。抵达入住地机场后,可乘坐自动驾驶的空中"飞车"前往酒店,然后凭借人脸识别技术入住。机器人管家将为住店客人提供定制化服务。每个房间"标配"的3D打印机则免去携带行李的烦恼。无论鞋袜衣帽、药品还是个人电脑,都可以从云端下载,用房间里的3D打印机即时定制。

智能门锁在酒店已得到较为广泛的应用,目前一些酒店推出智能机器人服务。例如,位于纽约的Yotel酒店最早采用了机器人装备为客人服务,长达15英尺的Yobot机械臂代替了传统酒店的礼宾部,矗立在酒店大厅的玻璃窗后,负责为住客提供寄存行李等服务。日本长崎推出的纯机器人酒店Henn Na Hotel,共"录用"10名人形机器人,其中包括3名前台接待,2名家政人员和2名搬运工人,剩下的打零工。在3名前台接待当中,女性机器人负责办理入住和必要的人脸识别手续等,旁边有怪异恐龙样式的机器人协助。客人通过提示办完入住手续之后,由2台机器人引导其进入客房(客房通过脸部识别系统进出)。在大厅里,看不到一名员工,在存包处还有机械手帮助客人将行李放入柜子。酒店希望通过采用"Actroid Androids"类人型机器人来大大降低酒店的成本,并能够确保服务的质量。在海口海航希尔顿酒店内,商用智能服务机器人"润"换上了海航专属"服饰",成为了前厅部和礼宾部最"红"的新晋职员。"润"能够引领客人到达房间、餐厅、会议室、卫生间、ATM机等区域,出色地完成礼宾任务。在移动过程中,"润"可以自主躲避周围的人和障碍物,自动通过互联程序上下电梯。"润"可以承载十公斤重的物品,完成运送拖鞋、矿泉水等日常任务。当有客人打电话到前台要求送东西时,酒店工作人员只需将客人所需物品准备好,输入密码将物品放入"润"的储物仓中,并设置好要去的房间号后,"润"就会自行前往,到达客人房间门口后,"润"不需要任何辅助设备,就能自动拨打房间电话通知客人开门取物,完成任务后它会按原路自主返回。没有运送任务时,"润"则会安静地回到充电桩上为自己充电，完全充满电后可连续工作六个小时。精通四十国语言的"润"还会用萌萌的童音与酒店客人进行互动。鉴于现在酒店的人员流动率以及酒店用工荒等各种情况来看，如果智能科技的运用，能降低酒店的人工成本，而且智能科技的投入成本不是太高，在酒店将会有其一定市场。

2017年9月中旬，缤客（Booking.com）宣布收购位于以色列特拉维夫市（Tel Aviv）的软件公司Evature，该公司是一家向酒店、航空公司、旅游代理商和机场出售与自然语言和聊天机器人相关技术的公司。Evature的主要产品是一个名为EVA（Expert Virtual Agen）的虚拟主体，能够代表旅游公司与顾客进行自然语言互动。2017年初，该产品训练的机器人在试验中完全可以充当旅游机构人员的角色。缤客收购Evature是为了支持公司的"研究与开发"项目，同时也包括深入学习和人工智能领域。所有这些都是缤客正在探索的科技创新领域。

从客人订房到入住再到退房，酒店希望在每个环节客人都能体验到新技术带来的前所未有的便捷高效，降低酒店业的经营成本。在酒店从客人订房到退房的过程中，无论经过了多少步骤，也无论从什么渠道住进酒店，最终一个环节就是开具发票，这是绝大多数酒店客人（尤其是商务客人）的刚需。大贲科技作为增值税信息化解决方案供应商，在"开票"环节给予了更多关注。"简程"是大贲科技针对酒店业专门研发的一款极速开票软件，用户退房只需打开相匹配的"简程"APP或"简程"的微信或支付宝的"发票管家"，打开"扫一扫"功能，即可将个人、公司的发票信息推送到酒店前台，从而使酒店前台做到真正的极速开票、无误开票，既提升了客人的住店体验，又节省了酒店的人力时间成本。

## 三、大健康技术的应用

睡眠科技是大健康技术中最受关注的一环。现代社会人们的睡眠时间和质量下降，不少高睡眠科技产品在尝试帮助酒店让客人能睡一个好觉。例如，一些机构研发出智能睡眠系统，其中的智能睡眠检测仪，作为可穿戴设备在睡眠时使用，可监测记录心率、移动、打鼾以及打盹时的环境噪声和呼吸数据，帮助改善睡眠质量。松下电器很早就曾推出帮助失眠者的"睡眠屋"。它们在东京市中心开设"睡眠屋"

帮助那些被失眠困扰的人很快进入梦乡。这种"睡眠屋"完全隔音，配备有诱导睡眠的视、音设备，以及被特别调控的灯光和空调。室内温度永远保持在让人体最感舒服的状态。通过舒缓的音响和催眠的灯光，"睡眠屋"能使人紧张的身体松弛下来，很快入睡。"睡眠屋"的发明者称，人进入屋内后，30分钟内定能进入梦乡。

维也纳酒店集团近年聚焦"深睡眠，大健康"核心价值理念，旗下成立了好眠科技公司，致力于为顾客打造"五感睡眠空间"。维也纳本着"帮客人找回好睡眠"的愿景，希望以高科技手段与产品结合，打造舒适助眠床品系统。公司推出的"愉梦之床"，是根据人体工学及仰卧和侧卧习惯设计，为头、肩、背、腰、臀、腿、脚不同部位提供精确护脊承托；整张床垫拥有上百万个支撑点，点阵式均衡紧贴人体自然曲线，定性和弹性让人达到全身心的放松。推出的好眠枕，拥有自主知识产权，得到国家专利认可，具有千万个会呼吸的三角气孔，有效锁定静止空气层，起到恒温透气的功效；S波曲度由人体工学原理设计而来，通过顶级材质卓越的回弹力零距离承托颈肩部，形成科学认证的最佳睡眠高度35°黄金角完美支撑。

东莞最近一家企业推出了慕思健康睡眠酒店，号称是以"健康睡眠"为主题酒店。为了契合睡眠主题，酒店设计无论是从内部装修还是服务等，都是密切围绕睡眠主题开展的。酒店设165间精品客房，房间配备了慕思旗下不同风格系列的寝具，适合不同人群的健康睡眠模式。在办理入住时即可根据不同客人身高，体重，身体曲度及睡眠习惯，安排不同的房间及寝具。房间还配备了睡眠香薰、睡眠音乐、智能按摩椅、按摩浴缸等先进设施，获得健康睡眠新体验。其中，慕思健康睡眠体验中心，可以体验和享受到专业的"智能化健康睡眠测试系统"，量身定制健康睡眠系统，实现科技改善睡眠。体验中心内有改善睡眠的催眠房及专业的睡眠理疗师，为失眠的客人找回最健康最舒适的睡眠状态，体验私人量身订制深度睡眠。

当然，优质的睡眠是每个人都求之不得的，如果能够很好地解决睡眠问题，不仅可以做成一家世界级的睡眠主题酒店集团，更可以做成世界级的企业集团。

## 四、低碳环保技术应用

环保节能的新技术涉及设备的技术、工程安装的技术、设计技术和运营技术四个方面。苏州科技城源宿酒店 8 字形设计使主要区域的 90% 面积有自然采光，整个室内天然采光最大化。屋顶绿化面积比 3 个篮球场还要大。房间以过滤直饮水系统代替瓶装饮用水，地毯都是可回收材料制成。天津京蓟圣光万豪酒店细微之处体现环保低碳，大堂的旋转门内安装了发电机，进出时都可以将这部分动能转化为电能，并为门顶上的低能 LED 灯供电；在健身房，使用一部器械运动 30 分钟所产生的电能，足够一部手机使用一天。上海艾本精品酒店倡导碳中和的理念，酒店由工厂仓库改造而成。室内装修采用的是当地材料、回收的老房子砖头和木材以及由古董行李箱堆砌而成的背景墙。在酒店前台还能算出自己旅行所产生的碳足迹，并通过购买植树的方式进行碳中和。北京怡亨酒店的环保理念延伸到每个角落，通透的玻璃幕墙及钢架结构，结合顶部的节能环保罩，在内部实现独立的微气候环境。并在高效节水的同时为北京严寒的冬天和炎热的夏天创造了一个四季如春的舒适环境。

洲际酒店集团实施在线可持续发展管理系统。集团旗下所有酒店均加入了 IHG Green Engage 绿色环保参与计划，这是一个创新性的环境可持续发展在线系统，它为酒店提供行之有效的方法以衡量并管理日常运营对环境产生的影响。洲际绿色参与计划可以在酒店生命周期的每一个阶段管理环境影响。该计划紧密跟踪酒店对能源、碳、水的使用情况、废物管理及相关成本。酒店可以从精心设计的 200 多种"绿色环保解决方案"中进行选择，从而帮助酒店降低能耗、节约用水、减少废物，并改善日常运营对环境的影响。这套系统帮助酒店履行负责任企业的重要承诺，同时帮助酒店削减能源损耗造成的经济损失。

表 4-1 洲际酒店集团提出负责任的酒店案例

| 区位 | 创新点举例 |
| --- | --- |
| 酒店外部 | ①节水：用当地植物进行风景绿化<br>②降低碳排放：使用太阳能<br>③改善酒店的热力绩效：屋顶绿化设计<br>④降低对饮用水的需求：雨水回用系统<br>⑤帮助降低环境影响：选择绿色交通<br>⑥减少现场施工：模块建筑 |
| 酒店前台接待处 | ①节省能源和资源：使用可回收材料<br>②为顾客和员工改善空气质量：使用低排放的涂料<br>③减少对环境的影响：采用天然材料铺地和设计座椅<br>④展示该地区的文化和遗产：融入当地艺术 |

续表

| 区位 | 创新点举例 |
| --- | --- |
| 酒店客房 | ①节省能源使用：使用节能设备<br>②改善能源使用和舒适度：客房控制系统<br>③改进顾客舒适度：自然通风<br>④节水：床上用品洗涤项目 |
| 酒店浴室 | ①节省水的使用：低流量淋浴喷头<br>②防止水污染：虹吸式坐便器<br>③节省水和能源使用：毛巾循环使用项目<br>④减少包装材料和垃圾：沐浴液分发器 |
| 酒店会议室 | ①促进可持续性：绿色会议项目<br>②帮助减少环境影响：废物循环利用<br>③节能：减少纸质会议<br>④减少垃圾：用玻璃和瓷器 |
| 酒店后台 | ①支持社区：使用当地供应商<br>②帮助员工使得酒店更绿色：绿色培训<br>③帮助酒店更加可持续：绿色能源<br>④创造当地经济机会：IHG 管理学院 |

## 五、模块化建筑技术应用

建筑是改革的下一个前沿，模块化是领先的方式。建筑模块化技术在酒店建造中的应用，既可以节省建造时间，提高效率和降低成本，也避免对环境造成污染。

万豪国际酒店正计划在其"精选服务品牌"组合中增加模块化酒店，其中包括一些万枫酒店。万豪国际承诺在未来三年内每14个小时新开一家酒店，时间无疑是保持项目进展顺利的一个因素。为了保持项目的进展，万豪国际正转向一个新的商业战略——模块化酒店。2016年底万豪酒店在加利福尼亚州福尔松的97间客房的福尔松万枫酒店首先尝试采用了模块化建造技术。万豪酒店与总部设在博伊西的Guerdo合作，Guerd预先制作了设备齐全的客房，包括床、书桌和厕所，并将这些单位运送到福尔松进行最后的酒店组装，施工人员完成了收尾工作，包括安装电气和管道。由于模块化酒店需要的建设时间较短，从开始到结束，酒店的建设最终可能会削减至六个月，而过去完成类似工程所需的时间为平均20个月。随着模块化建设在酒店行业被接受并逐渐流行起来，成本也会随着时间的推移而下降。

新加坡樟宜机场皇冠假日酒店扩建二期工程，是新加坡本地首个使用PPVC技术搭建起来的五星级酒店。整个酒店高10层，包含地面层架空层，由243套房间组成。由新加坡最负盛名的事务所WOHA设计，并由优必公司承担深化设计，并在优必上海工厂完成生产。PPVC是模块化建筑技术，是建筑工业化的高端产品，具备自身高度的完整性。使得产品从结构到水机电到内装，包括外幕墙，都在上海工厂完成。PPVC技术的使用使得建造不需要传统建筑的"附属设施"，也不影响周围的交通，更是对环境的最友好态度。

在国内，远大集团已经尝试在湘阴用15天建成30层模块化建筑酒店。这种名为T30的大楼采用全钢结构，墙体是水泥纤维，为了保温隔热窗户有三层。地板上的瓷砖在工厂里已经贴好。电线藏在天花板里。其中有宾馆、宿舍等。已经装修好的有两居室、三居室等房型。风格简洁，以白色为主打色，配原木家具。此前模型通过了"9度罕遇地震"测试，而此次建成了这栋30层的"T30酒店"无疑正是这次抗震测试之后的具体实践。整个建筑过程像"搭积木"一样，由百余名工人将在工厂生产的钢梁等材料进行组装，没有土建施工，也没有装修，施工现场没有任何建筑垃圾。

钢结构模块化建筑技术成熟，"钢结构模块化酒店"概念使绿色环保、可持续利用的酒店成为现实，正催生移动酒店"绿色环保、可持续利用"成为新趋势。钢结构建筑与传统建筑相比拥有几大优势，一是建筑垃圾显著减少。钢结构建筑采用干施工，因此噪声污染、粉尘污染、水污染极低，施工时大大减少了砂、石、灰的用量。二是可持续、重复利用。钢结构建筑所用材料，是以钢材作为主要结构，材料的不同决定了绝大部分的建筑材料可以进行回收和再利用，拥有钢材回收率高达90%的优势，一旦能大量建造，钢结构建筑将成为"钢材储存仓库"，并且在建筑物拆除时，不会造成垃圾污染。三是工厂化程度高。钢结构建筑85%~95%的部件均可在工厂加工，比传统的建筑现场作业人数减少约60%。同时易拆除，部分产品可重复利用、材料可循环利用。运到工地的不是零散的钢筋、混凝土、保温板，而是一块块的墙板、楼梯等"零件"；工人在机械的配合下把这些"零件"快速组装成一栋栋建筑。钢结构集装箱酒店的可移动优势，则可以将这个场景切换成深山、沙漠、雪原等不同环境中。这是一种"环境体验式酒店"的新兴领域，将成为酒店产业中一种全新的细分市场。同时，这也是消费者梦寐以求的闲时度假方式的终极形态。

国家正在大力推动"十三五"时期钢结构的推广应用,钢结构建筑是绿色建筑的主要发展趋势,作为消耗钢材主要的产业之一,也是重要的战略资源储备方式。中国是世界钢结构生产第一大国,但是钢结构用钢量仅占我国钢产量的5%~6%,远低于发达国家20%~30%的水平,还有很大的发展空间。而酒店行业作为传统服务行业,数量多,布点广,业态模型相对陈旧,尚未脱离"建酒店"的概念,而钢结构模块化的集装箱酒店的出现则打破了传统,集"多用途、可移动、可循环使用"的复合型优势于一身,让"组装酒店、移动酒店"成为现实。

## 六、区块链技术应用

区块链技术将变革住宿业分销模式。Twitter 和移动支付公司 Square 联合创始人 Jack Dorsey 认为:区块链技术是"下一个最大的解放力量"。

途易 CEO 认为区块链应用将消除几个平台的知识垄断局面,将打破 Priceline、Expedia 和 Airbnb 在当今住宿和分销生态系统中几乎处于"垄断"的地位。Winding Tree 的创始人认为"如今旅游业的寡头垄断局面使得传统企业丧失了创新的经济动力,也给新兴创业公司制造了太高的准入门槛。即使偶尔出现一两个成功的案例,最终也只会被行业巨头们收购",他们正在应用区块链技术建立一个没有中间商的旅行分销平台,从而实现把分销控制权重新归还给酒店和航空公司。

当交易双方彼此并不相互信任,而且需要清晰记录信息(如位置或所有权)并保证可供多方使用时,区块链似乎是最好的工具。Airbnb 已经从区块链技术服务公司 ChangeCoin 挖走了一批项目开发团队的工程师,正在研究如何用区块链技术验证房东与用户的信誉和身份信息,公司认为进军区块链应用可以帮助客户建立信任关系。

酒店和航空公司的忠诚度计划可能会过渡到区块链,以简化跟踪忠诚度积分,简化与所有合作伙伴之间转换和兑换积分的过程。澳大利亚 OTA Webjet 正在利用区块链试验酒店库存管理,通过每一次预订记录收集大量的数据,并确保及时向各方全额付款。未来,酒店和航空公司的忠诚度计划可能会过渡到区块链技术系统,以简化跟踪忠诚度积分以及与所有合作伙伴之间转换和兑换积分的过程等。

# 第五章

## 产业格局:住宿分享经济将重构住宿产业格局

分享经济作为一种新商业浪潮，已经席卷全球，其中住宿分享经济正是其中的代表，而"住宿长尾"正是住宿分享经济所分享的要素。现在，借助途家网、蚂蚁短租、小猪或 Airbnb 等住宿分享平台，供需双方可以轻易地分享非标住宿产品。

## 一、住宿分享经济的发展

随着互联网，特别是移动互联网的广泛应用，途家网、小猪短租等"互联网＋住宿业＋共享经济"模式的住宿分享经济平台，以互联网为技术手段对小规模、散布在各处的民宿等非标住宿进行大范围整合。这种住宿分享经济模式现在中国已经迅速扩展开来，途家网、小猪短租、爱彼迎、住百家、棠果旅居等企业拥有库存客房都在十万间以上。其中途家网和爱彼迎分表代表这两种商业模式。爱彼迎其实是一个信息中介，它让消费者和业主直接地进行对接和交换。途家网在国内信用体系还没有建立起来的时候，走了另一条路，和很多开发商合作，签下住房租赁管理合约，自己作为一个管理方，这样消费者去住的时候感觉更加放心，感觉更加安全，从而不受信用体系不完善的约束。途家通过互联网来整合零散的客房，实际上相当于一个互联网酒店管理公司，是典型的 O2O 模式，这是为了适应中国的国情。

从长尾的三种力量看，住宿分享平台扮演着集合器和筛选器的角色。住宿分享平台依赖于软件平台、网站和移动应用程序，在消费者和供应商之间进行连接和匹配，其网络评价系统则起到筛选和促进信任的作用。分享的便捷性和低成本与非标住宿产品迅猛增多相互促进，释放出了更多新的需求。住宿分享经济，通过人人共享，把未充分利用的资源、闲置的资源更好地加以利用，创造新的价值，在一个稀缺的世界里创造出了富足。

# 第五章　产业格局：住宿分享经济将重构住宿产业格局
Chapter 5　Industry Pattern: Lodging Sharing Economy Reconstructing the Pattern of Lodging Industry

住宿分享经济很好地诠释了创新、协调、绿色、开放、共享五大发展理念。住宿分享经济本身就代表着一种新思维、新模式，是住宿业发展的新动力，创造了新供给，释放出新需求，推动着住宿业大众创业、万众创新。住宿分享经济推动住宿"头部市场"与"长尾市场"协调发展，聚集整合数十万住宿单位与分享平台协同发展，促进住宿消费与供给更加平衡协调，也创造出成千上万"微创业者"和就业机会，推动经济和社会协调发展。因为利用存量、闲置资源，不需要再生产，减少碳排放，所以住宿分享绿色环保低碳。住宿分享将闲置资产从私人财产领域解放出来，在社区成员间共享，就是开放。因此，住宿分享经济天然符合五大发展理念。

住宿分享经济追求"不求所有，但求所用"。消费者选择使用，而不是拥有；关注体验而不是占有。国家提出住房要回归使用本质，住宿分享经济正是提供回归之路的极佳工具。我国亟须建立信用体系，人与人之间的信任正是住宿分享经济发展的基石，住宿分享经济的发展有望促进和提升国民的相互信任，为推动信用体系建立贡献一份力量。

住宿分享企业开始尝试依托平台向产业链其他环节延伸。一个尝试是建房子，例如，途家采用模块化技术建房和出售长期使用权再回租的运营模式，Airbnb 旗下的设计团队开始尝试对加入平台的房屋进行改造，以期提高住宅的利用效率。另一个尝试是进入大旅行领域，如 Airbnb 不满足于止步住宿业，突破原有的分享住宿界限，推出了全新"Trips"旅行平台，从房源、体验、目的地、航班、服务五个方面为游客提供精准的旅行目的地服务。爱彼迎认为其未来在于"成为整个旅游行业的平台"。这一新平台将把住宿体验、行程体验以及人文体验三者融合到一起。小猪短租也通过多领域的合作与跨界创新，打造住宿本地化服务生态链，为本地传统中小企业创造新的发展机遇，同时提升小猪用户的落地体验。

对于住宿分享经济的发展也存在分歧和忧虑。例如，按照投资人卫哲的观点，新建公寓和住宿设施，就是伪分享经济，最多是一个共享经济。他认为分享经济和共享经济不是一个概念。共享经济就是追求资产利用率。因此他看好释放闲置资产的分享经济，不看好重新投入资源做共享经济。汤姆·斯利提出，分享经济至少有两个愿景，其一是关注小规模个人交往的社群主义和互助型愿景，可称之为"我的就是你的"；其二是类似 Airbnb 的大公司所拥有的颠覆性、横跨全球的野心，挑战全世界以民主方式制定的法律，为扩大规模而收购竞争者等，他称之为"你的就是我的"。忧虑的是这类庞然大物会造成集中控制和新的监管，会在分享经济交易市场创造新的更加特权化的消费形式。

中国已成为全球分享住宿消费的重要市场和快速成长型市场。住宿分享平台正不断丰富着游客的住宿体验，正改变着传统的以景区景点为核心的，"吃、住、行"为支撑的出行方式。中国已成为海外分享住宿消费的主要力量，消费辐射范围已从亚洲延伸到欧美澳远程目的地。代际差异和性别差异在分享住宿选择上表现明显。而观光和休闲度假游客仍然是选择分享住宿的主要类型，且多以家庭和朋友结伴方式出行。

途家网、爱彼迎等住房分享平台为中国家庭的出游创造了新的选择和体验，也正重塑着家庭旅游的消费模式。据中国旅游研究院与爱彼迎联合发布的《中国分享住宿消费趋势报告 2017》，有半数受访者表示曾与家人同行使用海外分享住宿，有 30% 的受访者表示选择使用海外分享住宿的原因在于适合家庭 / 亲友出行。通过体验分享住宿，人们不仅可以入住当地人的房屋，更可以借此贴近当地生活，感受多样的文化。住宿分享和体验分享为家庭旅行度假创造了新的体验：父母带着孩子们入住设施齐全的房屋，可以遵循往日的作息和生活习惯，为孩子准备丰盛的早餐、带他们在后院玩耍。同时，他们还可以在房东提供的信息指引下发现除了热门景点之外的好去处。

## 二、新的住宿分享平台不断涌现

目前国内政策上鼓励住宿分享经济的发展，以降低闲置住房存量，拉动就业和地方经济发展，特别是乡村旅游经济的发展。国内的途家网、小猪短租、蚂蚁短租、住百家、棠果旅居以及进入的爱彼迎等发展迅速，获得了多笔风险投资。目前国内这些短租公司拥有房屋库存加总已达百万。新的细分市场的住宿分享平台仍然在不断涌现，并获得了大量的资金支持。

据统计，2012—2016 年，录得在线短租投融资次数共 28 笔，70% 为天使轮次与 A 轮次的投融资。而在 2016 年，13 家短租平台获得 14 笔新融资，木鸟短租率先完成数千万的 B 轮融资，沙发旅行、朋友家、木西民宿等新加入的创业团队获得天使轮融资，住百家、寓米民宿两个品牌成功登陆新三板，途家完成对蚂蚁短租的并购等。这显示出 2016 年互联网＋短租的受欢迎程度（见表 5-1）。

表 5-1　2016—2017 年上半年短租融资列表

| 企业名称 | 融资时间 | 融资轮次 | 金额（元） | 投资方 |
| --- | --- | --- | --- | --- |
| 爱殿别墅 | 2016/01/01 | 天使轮 | 400 万 | 九桦资本、宜华资本 |
| 租我家 | 2016/01/12 | 种子轮 | 100 万 | 有成资本 |
| 租我家 | 2016/11/13 | 天使轮 | 1000 万 | 丰厚资本等 |
| 美易家 | 2016/01/12 | 新三板 | 数千万 | 深创投、华盖资本等 |
| 一家民宿 | 2016/02/25 | Pre-A | 数千万 | 湖畔山南资本、晨兴资本 |
| 木鸟短租 | 2016/02/29 | B | 数千万 | 达晨资本、梅花天使创投 |
| 朋友家 | 2016/04/16 | 天使轮 | 数百万 | 铂涛集团 |
| 沙发旅行 | 2016/04/20 | Pre-A | 1200 万 | 北方众海投资、九合创投 |
| 住百家 | 2016/04/22 | 新三板 | 数千万 | — |
| KEYS 潮宿 | 2016/04/26 | A | 3000 万 | 前海行健 |
| 第六感 | 2016/05/26 | B | 数千万 | 高和翰同 |
| 寓米网 | 2016/06/28 | — | 1 亿 | 东方财富、美国五邑商会、冯广荣基金等 |
| 小猪短租 | 2016/11/02 | C+、D | 6500 万美元 | 今日资本、愉悦资本等 |
| 木西民宿 | 2016/11/18 | 天使轮 | 600 万 | 铂涛集团、矩林投资 |
| 千宿 | 2016/12/01 |  | 5000 万 | — |
| 路客旅行 | 2017/02/16 | Pre-A | 1000 万美元 | 真格基金、广东文投国富 |
| 棠果旅居 | 2017/03/08 | A 轮 | 1 亿 | 天九幸福集团 |
| 麦家公寓 | 2017/03/16 | A | 数千万 | 保利资本 |
| 蘑菇租房 | 2017/03/21 | C 轮 | 数千万美元 | 蚂蚁金服（阿里巴巴） |
| 尊旅网 | 2017/04/07 | 天使轮 | 500 万 | 石家庄美东国际投资 |
| 箱行者 | 2017/04/11 | 战略投资 | 165 万 | 投资方未透露 |

这些新兴的住宿分享平台在模式上有所创新。其中，短租平台木西民宿是通过吸纳并筛选城市核心商圈的优质闲置房产，以独创的全托式 C2B2C 运营模式，进行房屋的统一装修改造和集中运营管理。在短租产业链中，木西的定位是资源整合者，在获取房源上，木西不得不面对承租式二房东的竞争，木西的机会在于，其房主所获得的收益，比承租式收益高，这对房源的位置、木西的服务体验要求很高。在品牌尚未打响前，招募房源有难度，一旦品牌获得认可，以木西的收益分成方式，房东还是乐于与其合作的。木西的轻模式中，小管家是木西与客人沟通交流、展现品牌关怀的唯一渠道。木西的做法是，在物业附近寻找一批有闲置时间的人来充当这一角色，不错的尝试，木西未来还应围绕如何打造标准化、可复制，又不失个性的服务团队上不断探索，形成可持续的服务供给能力，只有确保服务和体验的核心竞争力，木西才能在房源竞争上拿到更多砝码。

而寓米网主要经营服务式公寓租赁，其构想的商业模式是，采用分享经济的理念，将业主的不动产进行托管经营，以线上预订的方式，为直营店及第三方公寓运营商带来订单支持，为业主和第三方公寓运营商提供管理顾问服务，为租客提供家庭式住宿体验，通过这一房屋共享生态链闭环，实现房屋、会员、订单共同循环增长。寓米网主要通过发展第三方公寓运营商、个人房东、寓米伙伴的模式，打造共享房屋管理平台的方式进行规模化扩张。目前其采用的扩展模式是直营店模式，第三方公寓运营商模式，未来将采用门店合伙人模式，个人房东模式。目前，寓米网有三种业务模式，服务式公寓租赁服务、预订平台模式、管理顾问服务。

从全球短租的大环境而言，除了 Airbnb、Homeaway 等国际性非标住宿预订平台，全球各地也都出现了本土化的平台，如总部位于伦敦的 HouseTrip，是欧洲最大的度假出租网站之一；日本本土 Jalan，专门为旅行者提供民宿预订服务等。

## 三、住宿分享经济对住宿产业的影响

住宿分享经济将重构住宿业发展格局。从国际上看，爱彼迎不论是规模还是影响力已经让酒店集团巨头侧目。截止到 2017 年 7 月,爱彼迎在全球 191 个国家拥有的房屋库存,已经达到具有里程碑意义的 400 万个房间。这一数字比世界前五大酒店品牌,即万豪、希尔顿、洲际、温德姆和凯悦这五大酒店集团的合计库存还多出了近 100 万套。爱彼迎估值达到 310 亿美元,接近万豪酒店集团的市值。国际上最大住宿分享经济巨头爱彼迎的发展已经引起酒店集团的关注。

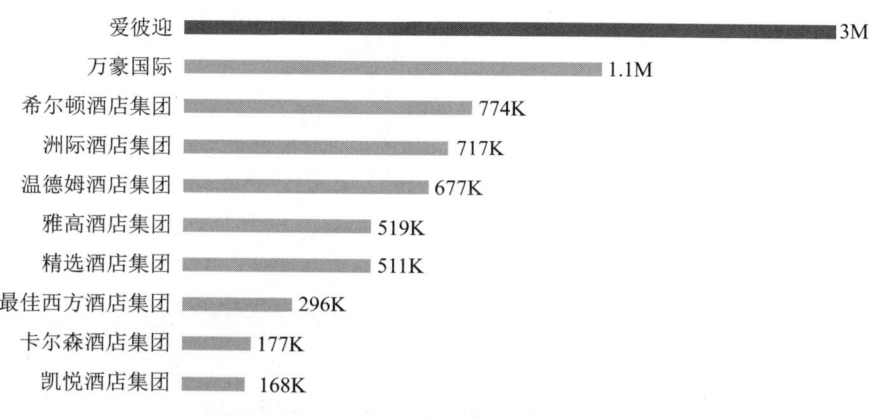

图 5-1　客房量居十的十大国际住宿集团(2016.11)

资料来源:Rani Molla.Airbnb is on track to rack up more than 100 million stays this year — and that's only the beginning of its threat to the hotel industry.2017.7.19. www.recode.net.

从爱彼迎在美国的经营数据看,其平均房价已经与酒店平均房价差别不大,并且其出租率相对前几年已有很大提升,从以前的不足 20% 到目前已经超过酒店的一半。

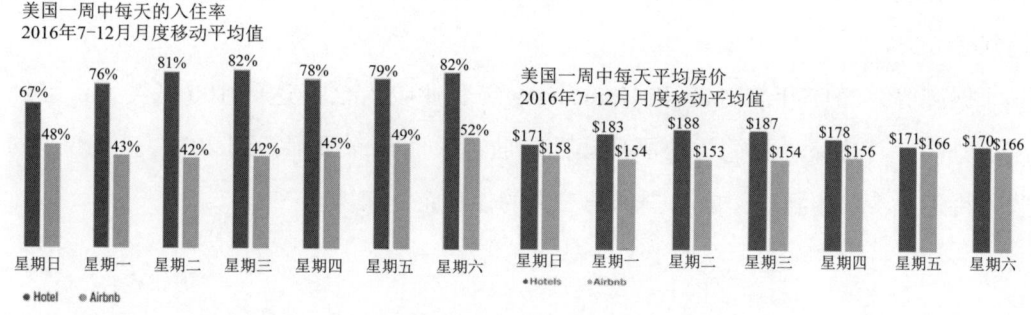

图 5-2　美国酒店和 Airbnb 入住率和平均房价

资料来源:Rani Molla.Airbnb is on track to rack up more than 100 million stays this year and that's only the beginning of its threat to the hotel industry.2017.7.19. www.recode.net.

从 Airbnb 在互联网上的搜索量来看，到 2016 年底已经追上 Expedia，并且在 2017 年有望追上万豪酒店和希尔顿酒店。

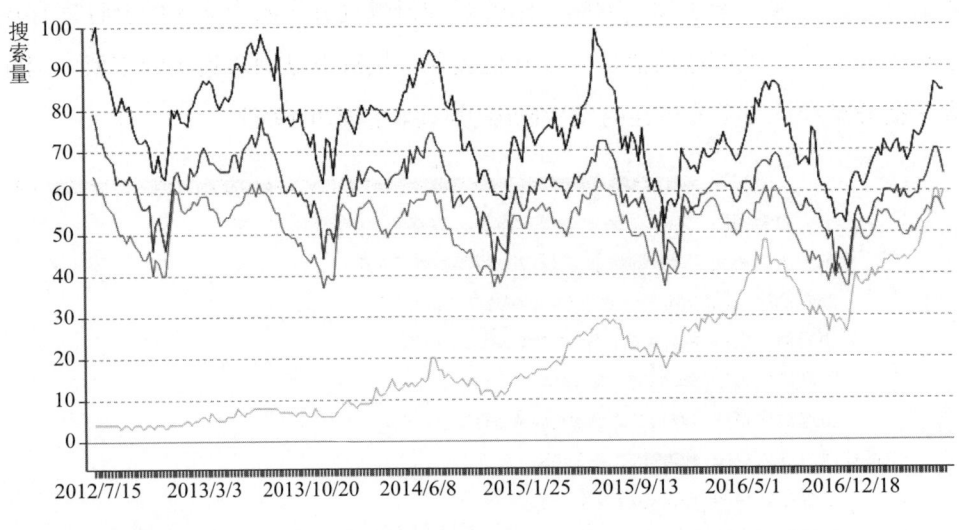

图 5-3　美国消费者对 Airbnb、Expedia 和酒店集团的搜索量

资料来源：Rani Molla.Airbnb is on track to rack up more than 100 million stays this year — and that's only the beginning of its threat to the hotel industry.2017.7.19. www.recode.net

2017 年初，爱彼迎在美国的房间供应量已经占到美国酒店客房供应量的 5.5%，需求占比也达到了 4.2%，而其营业收入占比达到了 6.8%，在高点时这一占比更是达到了 8.3%。

据测算，2015 年 Airbnb 和 Homeaway 年营业收入已经达到 100 亿美元，已经超过雅高、喜达屋、温德姆等酒店集团的收入，而预测显示，到 2019 年 Airbnb 的收入将追上希尔顿酒店，成为全球第二大的住宿企业集团。

第五章 产业格局：住宿分享经济将重构住宿产业格局
Chapter 5　Industry Pattern: Lodging Sharing Economy Reconstructing the Pattern of Lodging Industry

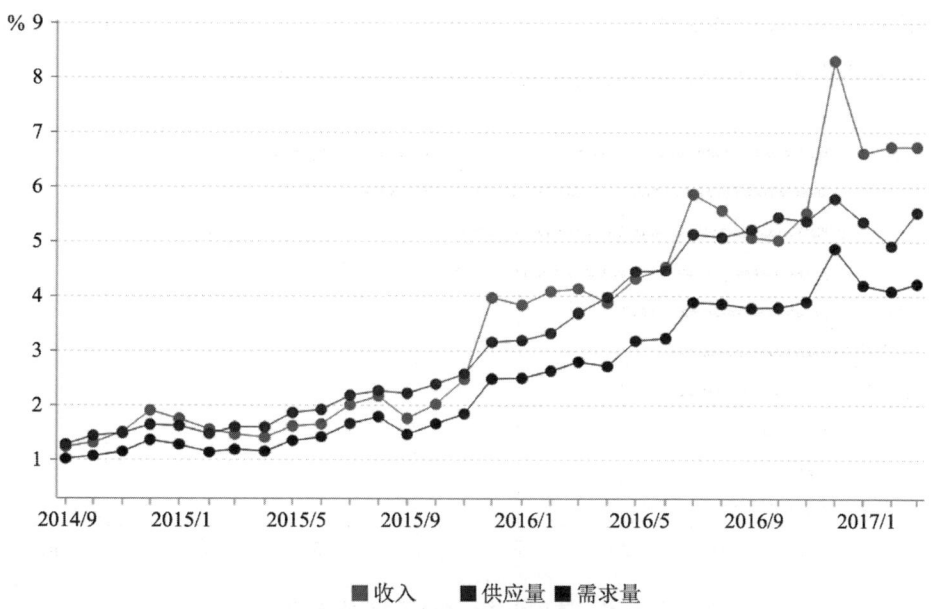

图 5-4　Airbnb 收入、客房供应量和需求量占美国酒店的比重

资料来源：Rani Molla.Airbnb is on track to rack up more than 100 million stays this year — and that's only the beginning of its threat to the hotel industry.2017.7.19. www.recode.net.

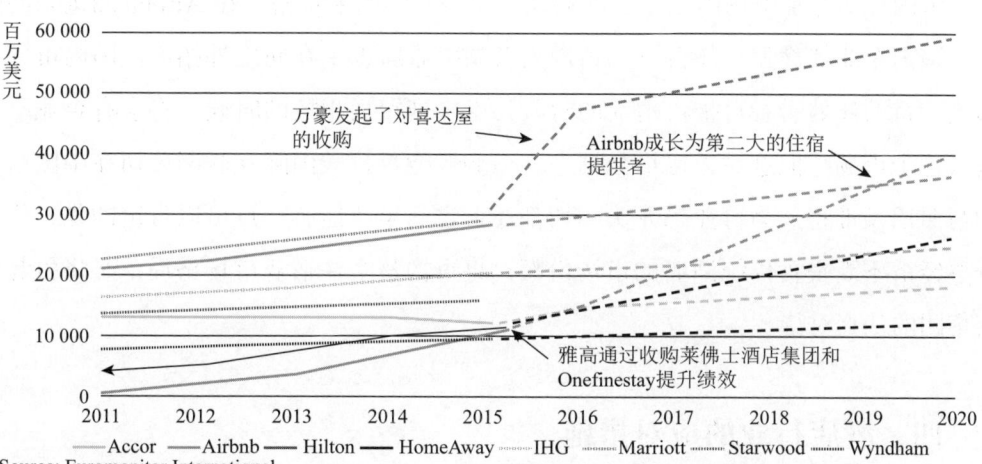

Source: Euromonitor International
Note: 2016-2020 date are forecast. Agreed mergers at time of writing are taken into consideration, further consolidation can change forecast.

图 5-5　大型酒店集团和短租公司销售价值（2011—2020 年）

资料来源：Rani Molla.Airbnb is on track to rack up more than 100 million stays this year — and that's only the beginning of its threat to the hotel industry.2017.7.19. www.recode.net.

从国内住宿公司客房规模来看，2016年底途家网、小猪短租和Airbnb已经进入前10大住宿企业集团，并且按客房拥有量途家网已经位列第二。

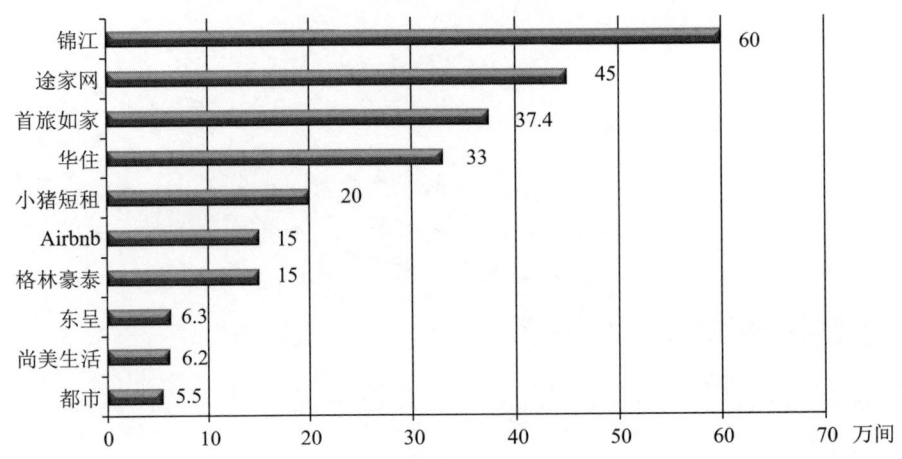

图5-6 国内住宿企业集团客房规模

以上数据显示，住宿分享经济已经在住宿业赢得一席之地，并且已经和传统酒店住宿业形成一定的竞争关系。

国内住宿分享市场尚处于发展初期，竞争格局尚未定格，在Airbnb闯进来的同时，国内企业如途家、住百家和新进入者棠果旅居也正在向境外拓展。国内市场足够大，目前还处于各自抢占地盘的阶段，尚未到短兵相接的时候，将会有企业不断进入这个市场。但这一天迟早会到来，Airbnb能否打破国际互联网公司在中国市场的宿命以及谁将成为行业的龙头一切都还言之尚早。但有一点可以肯定的是，住宿分享经济不断蚕食传统酒店的市场份额，将重构整个住宿业市场格局，必将引起酒店集团的认真对待。

## 四、酒店行业的应对措施

考虑到住宿分享经济的影响已不容忽视，是合作还是对抗，不同酒店集团有着自己的选择。

雅高酒店集团认为，酒店和度假租赁两者之间并不存在"零和游戏"，相反，市场在不断增长，酒店集团想跟上这样的大潮。打压共享经济是愚蠢和不负责任的，共享经济是更领先的服务模式，酒店行业需要做的不是对抗它，而是接受它。2016年收购了线上租赁服务商Squarebreak和Oasis Collections分别49%和30%的股权，但选择让其独立运营，用户仍然可以在该网站上进行预订。其中Squarebreak这家线上服务商提供在法国、西班牙以及摩洛哥的度假区的高端物业住宿，但提供类似酒店的服务水平。Oasis Collections也提供线上私人租赁服务，但主要是在美国、欧洲及拉美提供休闲旅游及企业租赁。随后，雅高集团又以1.68亿美元的价格收购了Oasis的竞争对手、高档短租平台Onefinestay，而Onefinestay在收购之后也不用做出任何改变。集团认为这些投资将帮助雅高更好地理解度假租赁市场上顾客的期望，并探索"高端酒店的互补性产品"。对于雅高而言，所有这三项投资都是相辅相成的，它们都是雅高酒店全球投资组合的一部分。Onefinestay主要是吸引以休闲旅游为主的，平均逗留7晚的客户。Oasis Collections业务的70%是为平均停留22天的商务旅客服务的。而Squarebreak主要是针对希腊、意大利、西班牙和法国这样的海岸目的地，客人将可能会住上一个月或者更长的时间。

2017年初，雅高全面收购法国别墅租赁公司Squarebreak，接着又全面收购了精英私人度假品牌Travel Keys。目前，雅高计划于2017年底前将其旗下的Travel Keys、Squarebreak和Onefinestay统一整合为Onefinestay品牌，合并后将提供一万余个住宿选择，并将为所有物业统一接待和礼宾服务。

凯悦酒店集团早期也投资了被称为"高端版Airbnb"的高档度假旅行短租平台Onefinestay，此后将Onefinestay转让给了雅高酒店集团。2017年7月，凯悦酒店集团收购了高端房屋分享平台Oasis Collections的少数股权。Oasis提供的每处可供租赁的房产，均配有专门的工作人员，迎接前来入住的游客，并为其提供全天候的服务，为游客提供关于当地的各种相关信息。此外，在居住期间，游客还可以获得一系列当地私人俱乐部的临时会员资格。Oasis提供的是凯悦原本不具备的产品，实现互补组合，而两家公司追求的是相似的客户体验和客户群体。考虑到双方的定位、客户群体以及凯悦旗下的品牌，这次投资可以说是顺其自然。公司计划未来把Oasis整合入公司的分销和忠诚计划系统。

温德姆度假交换和租赁RCI 2017年7月份收购了位于英国伦敦的度假交换平台

Love Home Swap。Love Home Swap 将继续作为独立品牌运营，并将与 RCI 分开销售。Love Home Swap 自建了一套住宿交换系统，用户出借自有的闲置房屋赢取积分，交换他人的寓所居住，创造了一种新型的房屋分享经济模式。类似时下流行的短租平台，只不过专门针对旅游地，而且只有那些已经购买至少一套住房的人士或家庭才能够参与房屋交换。Love Home Swap 为 70 多个国家的网站会员提供沟通机会，并交换各自"时尚并独特的住宅"，这些住宅大部分是旅游地的度假屋。除了提供社交服务，Love Home Swap 还可对房源进行托管。会员付费订阅是 Love Home Swap 的盈利方式之一。此外，高级会员还能获得专用的旅游团、私人看门人、旅游指南及其他福利。该网站也有社交功能，会员们可以分享一些"内幕消息"，如当地有哪些最好玩的地方、最好吃的东西等。与此同时，该网站还与保险公司 Hiscox 合作，开发一种定制型的保险产品，创造新的收入来源。公司还计划进一步扩大其产品链，延展至社交、移动和当地领域，包括进一步与 Facebook 的社交整合，令会员通过更广泛的社交圈找到 Love Home Swap。针对安全问题，Love Home Swap 设置了"3 层保险"。和 Airbnb 一样，Love Home Swap 要求会员进行身份证件认证，此外，网站也设有评分和评论制度。Love Home Swap 认为房屋交换的安全建立在会员的互相监管之上，网站的评价制度是监管的基础，会员本身才是公司风险管理的核心。因此，平台把房屋所有权的监管也交给会员。与此同时，Love Home Swap 也提供"交换损失保护"服务。在会员预订行程前，可以选择购买此项保护服务，如房屋损毁可获得上限 5000 英镑赔偿，行程意外取消则可获得上限 2500 英镑的赔偿。实践表明，虽然有不少会员为以防万一选择购买此项服务，但自该服务推出以来，极少有会员真正申请赔偿。

希尔顿酒店集团认为这些分享型创新公司（如 Airbnb，onefinestay 等）将旅游大众化，实际扩大了整个行业的市场规模。酒店业不应把自己拘于狭隘的市场中——"市场在变大。"这些采用新方式旅游的人群通过辅助性消费促进当地的经济发展。酒店需要针对相比 Airbnb 具有优势的领域做重点推广，包括免费早餐、高速可靠的 Wi-Fi、安全性、会议和社交活动场地、行李寄存等，以吸引商务客人。凯悦酒店已经和不少创新公司展开合作，如将 Uber 叫车服务添加到凯悦酒店 APP 中，和 Reaction Housing 公司合作建造豆荚形状避险游击酒店等。

酒店集团对住宿分享平台有持包容态度，也有认为需要加强规制。一些酒店集团希望确保有一个平等的竞争环境。住宿分享平台应该和酒店一样遵循健康、安全、公开等规则，从而保障用户的权益。另外，住宿分享行业需要公平，平台需要被监管。作为一个比较前卫的领域，像酒店一样支付入住税，对地方而言是很好的税收来源，因此登记这些住房很有必要。红狮酒店 CEO 觉得更应该将焦点放在分析 Airbnb 对分时度假市场的影响和渗透上，如果大家都注意到 Airbnb 对住宿市场的侵蚀，那对分时度假租赁更是如此了。

住宿分享公司已经受到一些团体和机构的对抗。美国酒店与住宿协会（AHLA）认为爱彼迎没有遵循同样的规则，发起了一项对抗爱彼迎的计划，游说各地政府和议员制定约束爱彼迎的政策和法规。美国酒店住宿协会（AHLA），已将 Airbnb 视为一个严重的威胁、并就此制定了一个多方面的计划。2016 年，美国联邦公平贸易委员会（FTC）开始调查 Airbnb 对房价增势的影响。此外纽约州州长 Andrew M. Cuomo 颁布了新条令，将对违反当地住宿规定的 Airbnb 房东予以重罚。AHLA 将上述两件似乎有些不相干的事情视为重大的胜利，此外还得意于阻止了对 Airbnb 有利的州法，以及携手 Brian Schatz、Elizabeth Warren、Dianne Feinstein 等参议员，"唤起了大家对于这项短租服务成本、种族歧视、消费者保护、社区安全、税收政策等方面的顾虑意识"。2017 年，该协会还新加入了以下举措："在 2016 年的成功基础上，确保在全国范围内的综合性立法、营造一个专注于商业操作的可接受环境"。AHLA 将为洛杉矶、旧金山、波士顿、华盛顿特区、迈阿密等关键市场，拨出 560 万美元的年度游说资金。不过 Airbnb 指出，这么做是对中产阶级的惩罚，以及试图继续用高价欺压消费者。

# 第六章
## 分销渠道：以开放和共享思维应对市场垄断

近些年来，酒店住宿业的营销和销售受制于大型 OTA，特别是携程在并购艺龙和去哪儿、入股同程后，客观上形成了携程系一家独大的垄断局面，酒店渐渐失去房价、渠道和营销的话语权。这种寡头垄断局面使得在线旅游企业丧失了创新的经济动力，也给新兴创业公司制造了太高的准入门槛。美团和飞猪旅行的壮大，在线旅游市场将形成三大寡头格局。

## 一、酒店集团联合抵御垄断

为了从 OTA 手中夺回市场份额，实现自身的转型升级，部分酒店集团以开放共享思维联合起来成立酒店营销联盟。最初，城市名人、华天、开元、纽宾凯、曙光、粤海六大酒店集团共同宣布成立酒店联盟体，提出联盟体独立运作平台，在会员共享与联合订房两个方面展开深度合作，为各方会员提供全方位的线上线下服务，共同打造酒店联盟全新时代。在联盟体机制建设方面，联盟体投资组建第三方互联网公司，该公司保持独立运营，打造包括 PC 网站和移动社交应用的运营平台，该平台以会员价值为核心，贯穿线上服务和线下门店运作流程，使会员真正感受到始终一致的服务体验。联盟体还根据成员属性，确立灵活的进入和退出机制，同时建立联盟体内核心成员的 CEO 定期会晤机制，协助解决联盟体运作中发生的问题。联盟体计划加强 O2O 技术平台的打造，逐步实现联盟体内成员间的互通，承载所有从线上到线下的客户体验。

随后，绿地、海航、中兴和泰、亚朵四大国内酒店集团宣布成立"中国未来酒店联盟"，并在会员共享、会员权益及积分互通、联合营销及品牌聚力宣传等方面展开深度合作。此外，联盟提出与互联网金融、出行、空气净化解决方案等杰出企业跨界合作，共同打造"连接酒店与多个生活场景"的创新服务，为联盟体内酒店会员提供更高品质的入住出行体验，为消费者创造一种全新的生活方式。此后，还成立了精品酒店联盟、智慧酒店联盟、中小酒店联盟、商务酒店联盟、度假酒店联盟等多个酒店联盟体，以期望实现资源共享，优势互补，共同做大做强。

酒店集团在不断优化强化自己的直销平台的同时，也开始将平台对外开放。例如，为了应对 OTA 对销售渠道的挤压，雅高首先收购了酒店网络直销技术服务商 Fastbooking，为帮助单体酒店提供 B2B 软件服务打下了基础。接下来，雅高酒店集团更名为 AccorHotels，并且向单体酒店开放了其预订平台，2000 余家单体酒店加入了该平台。该举措为单体酒店提供了另一条分销渠道，以挑战 OTA 在酒店分销领域的统治地位，也可以增加雅高酒店集团的库存，进而提升网站流量。雅高主要根据地理位置、服务质量、规模大小和在 TripAdvisor 上的评分选择酒店。雅高收取的佣金是 OTA 收取的 1/2~1/3，其在北美使用的佣金模式和在欧洲一样：不是旗下酒店技术服务公司 FastBooking 的客户每单缴纳 14% 的佣金，FastBooking 的客户缴纳 12% 的佣金。酒店经营者也可以让自己的客人获得雅高忠诚度计划的积分，但酒店每单需要缴纳 5% 的费用。雅高酒店的移动应用也进行了更新，在 70 个城市提供 City Guides 指南功能，还提供旅行信息、预订餐饮或 spa 等在线 check-in、酒店服务、忠诚度计划账户信息以及新闻内容等功能。雅高酒店希望打造的优质数字化体验能使用户更加愿意直接预订。

## 二、在线旅游市场的寡头垄断格局

### （一）美国在线旅游市场格局

在美国，在线旅游市场是被 Priceline 和 Expedia 双寡头垄断，两者市场份额占美国在线旅游市场的 95% 以上（见图 6-1）。

当然，Expedia 和 Priceline 虽居于垄断地位，它们也在发展直销，并且在关注甚至投资了区块链技术。Expedia 通过提供综合解决方案全面渗入酒店直销。Expedia 开始提供全面的酒店直销解决方案，融合技术、营销和数据产品的工具包，产品源于各个酒店合作伙伴的反馈，解决方案其中包括贴牌动态打包技术、合作伙伴忠诚度会员转化项目、MICE 预订技术、TravelAds Direct 项目和 Rev + 收入管理工具。Expedia 并不是第一家帮助酒店直销的在线旅游公司。两年前，Booking.com 就已经推出了技术工具 BookingSuite，提供包括建立一个免费的酒店网站（收取网站预订收入 10% 的佣金）和各种收益管理工具。

图 6-1 美国 OTA 双寡头格局

酒店在合作的同时也在不断为自己的权力而抗争。万豪国际通过收购喜达屋酒店集团，现在拥有横跨全球 122 个国家、30 个酒店品牌，6000 多家酒店以及 120 万间房间数量，可以与 OTA 一较高低。

**（二）国内在线旅游市场格局**

以 OTA 为代表的在线旅游中介等分销渠道所采用的模式，不仅收取高佣金，还阻隔了酒店与客户的直接互动，赚取差价，这种模式显然阻碍了酒店发展在线营销能力。在国内，美团和飞猪开始发力，在酒店预订领域形成了携程暂居领导地位，而美团和飞猪迅猛直追的局面，携程系一家独大的垄断局面正在被打破。

在美团和大众点评合并后，新大美的住宿产品预订份额迅速上升。提出了 CD 模式，其中 C 代表 Cross selling，D 代表 Direct selling，即帮助酒店商家在"开源"的同时"节流"。"开源"主要从时间、空间、品类三个维度进行拓展。时间维度上，短期是在淡旺季有针对性地协助酒店实现客源管理，长期是帮助酒店商家培育未来高潜用户。空间维度上，当用户习惯了长期使用美团点评搜索寻找各领域的生活服务后,即使在异地,同样会以此进行消费问询,帮助酒店商家从广泛的全地域获取客源。品类维度上,美团点评作为吃喝玩乐的综合生活服务平台,涵盖"吃住行游购娱"多品类服务,用户可以在住宿之外,差异化选择适合自己的个性化需求,体验一站式服务,从而提升了酒店商家的综合收益。节流的核心包涵自主和高效两个方面。"自主"是指商家在美团点评的平台上可以实现自主上单、自主变价、自主设定库存、自主发布营销活动,实现了真正的无缝对接。"高效"是指通过美团点评自身生产方式的优化,从商家运营系统和内部管理系统着手,以此提升库存效率、提升资金费用效率、提升人员工作效率,节省成本。美团点评的创新 CD 模式与传统 OTA 形成了差异化的运营,通过互联网平台整合原本散乱的本地旅游资源,解决供需脱节的矛盾,让酒店和用户都能得到各自想要的服务。

图 6-2 中国在线旅游公司的格局

飞猪作为一个在线旅行服务平台,即 OTP(Online Travel Platform),是一种直销模式。飞猪作为平台,向酒店方收取的软件服务费仅为 2%~8%,远低于携程系的 15%~25%,也低于美团的 6%~8%。在飞猪平台上,整个的交易包括支付都在一个生态圈里完成,让消费者可以有一个更稳定的体验。商家在飞猪平台上展示企业和产品,商家自主定价,使消费者在平台购买的商品来自哪个供应商、什么产品、多少钱可以一目了然。因此,飞猪推动了商家与消费者直接交易,消除了信息不对等。2017 年 8 月上旬,阿里巴巴与万豪国际在上海宣布达成战略合作,组成合资公司,阿里飞猪将作为主要执行方。早在 2002 年万豪与携程就签署了排他性合作协议。2016年万豪推出与其他平台比价的奖励活动，意在推广自己的直销渠道，但随后携程降低了对万豪的引流，万豪旗下酒店都被置底在搜索的最末端。万豪旗下酒店客房数量已达到120万间，全年销售间夜近2亿，具备和携程等OTA对抗的实力。飞猪对万豪采取直销模式，通过全球连结和会员直通。在飞猪上预订的消费者，可以享受与酒店官网一致的权益，获得双向积分和奖励。阿里的技术、用户和营销，均与酒店进行对接。它们用技术提升了预订效率，利用支付宝打通结账问题，服务与入住过程的多个环节。

随着旅游从景点游升级为全域游，年轻用户的消费习惯也在发生相应改变，除了对互联网提供的机票、住宿和门票"老三样"产品有刚性需求，对餐饮、出行、购物、娱乐等产品要素也有了更多需求。对旅行中的每一个环节，他们都期望能实现一站式购买服务。而以美团为代表的CD模式和飞猪为代表的OTP模式更能满足消费者需求，这就对OTA模式的企业带来了挑战，很有可能会改变整个行业格局。

同时，途家网、Airbnb等正在成为一种新型的OTA，正在成为携程、Expedia和Priceline等OTA的直接竞争对手。

## 三、区块链：可能改变在线旅游格局

区块链技术已开始受到旅游住宿业的广泛关注，未来可能会颠覆目前的在线旅行市场格局。区块链本质上是一种不可更改的、只能附加数据的分布式数据库。途易集团的CEO认为区块链将打破Priceline、Expedia和Airbnb在当今住宿和分销生态系统中几乎处于"垄断"的地位。大型OTA和住宿分享平台由于拥有垄断性结构而创造利润，而区块链将可能颠覆这种垄断格局。

区块链将有效提高交易流程的质量和效率。P2P住宿正处于发展上升期，烦琐的声誉管理相关流程一直是其面临的重要挑战。区块链可以从预订到支付、再到评价，改进P2P住宿流程每一个步骤的用户体验。顾客需要和房主就房源进行短信交流，区块链技术的不可篡改性和全网通报特性，保证了顾客和房主的信用记录都可以随时被调出查阅，不仅更安全和透明，还可以大大缩短交流的时间。目前短租顾客入住后24小时，房主才收到房款，区块链可以帮助加快房主收款速度，方式有两种：一是通过安全的储存支付证书，二是通过优化要求，根据智能合约自动触发支付。爱彼迎已经收编了专注比特币微支付服务的区块链技术公司 Change Coin 的大部分员工，正在研究如何用区块链技术验证房东与用户的信誉和身份信息。途易 2016 年以 12 亿美元出售 Hotelbeds、把 TUI 从 B2B 分销商业务中脱身的主要原因，公司认为区块链可以很容易替代这一切。途易还与 Winding Tree 进行洽谈，该公司考虑建立没有中间商的、分散化的旅游分销平台，希望未来能把分销控制权重新归还给酒店和航空公司。

# 第七章

住宿价值链:分化、整合与融合

## 一、住宿业价值链的分化

住宿行业越来越专业化,住宿业价值链不断细分,住宿行业的营销、销售、收益管理、礼宾服务等都有专职公司提供服务,餐饮、安保、园林、洗涤、游泳池和 SPA 的经营等外包也已经成为常态。

以酒店礼宾服务为例,一些大的礼宾服务公司已经在全球范围内开展业务。2016 年底,雅高酒店集团完成对礼宾供应商 John Paul 的收购。John Paul 与世界领先品牌合作,在全球范围内为客户提供全天候定制礼宾服务,满足客户不同程度的需求。2015 年与美国礼宾服务公司 Les Concierges 合并后,拥有 1000 名专业员工,业务遍及五大洲,已发展成为全球忠诚度服务的领军企业。John Paul 应用先进的客户关系管理系统(CRM)和基于全方位个性化定制的行为分析的信息数据平台,开创了首项高科技礼宾服务,为来自 50 个国家的超过 50 000 个合作伙伴提供服务。John Paul 为全球领先品牌提供事无巨细的礼宾服务和全球忠诚度解决方案。John Paul 借助尖端科技提供卓越服务,获得稳固收益,其专业服务享誉全球。从忠诚度计划的定制化设计到执行,John Paul 通过内容营销和跨渠道营销,为客户提供全方位服务。收购 John Paul 让雅高能够以更快的速度实现以顾客体验为中心的全球战略。John Paul 采用尖端技术定制服务,专业性极强,服务范围广,对巩固雅高与客户及合作伙伴的关系方面大有助益,还极大丰富了品牌的触点。此次收购将增强雅高的服务吸引力,扩展服务类型,同时,雅高可以获得更多非酒店业信息,从而提高服务定制程度;另外,雅高可以掌握更多相关数据,优化客户关系管理系统(CRM),这些都将进一步巩固了雅高与客户之间的关系。通过这次与全球礼宾服务领导企业的合作,雅高酒店集团有志成为多方位服务的顶尖服务商,从非酒店服务到全天候旅途助手服务,将在旅途全程为旅客提供周到的创新融合解决方案。John

第七章　住宿价值链：分化、整合与融合
Chapter 7　Lodging Industry Value Chain: Differentiation, Integration and Fusion

Paul 致力于积极开拓旅游业版图。此次收购将为其提供雅高酒店集团遍布全球的 4000 多家酒店和 3000 多家餐厅资源，夯实专业服务基础，巩固合作关系。收购完成后，雅高酒店集团将结合 John Paul 的行业优势，加强"以顾客为中心"的集团策略，通过更加宽泛的服务增加盈利渠道。雅高酒店集团和 John Paul 将融合双方创新驱动、服务为重的企业文化，提供上乘的旅行体验。收购 John Paul 是雅高向"旅行伙伴企业"转型进程中的又一座里程碑。未来，雅高将专注为旅客出行的每个环节提供全方位创新服务。

　　GoConcierge 成立于 2000 年，总部设在加利福尼亚州伯班克，该公司一直专注于礼宾服务工具，它开发了全球高端客户名册，使用 TS Web 软件跟踪礼宾任务，如预订泰拳比赛或詹妮弗·洛佩兹在拉斯维加斯的表演。GoConciege 在 60 个国家都有高档酒店客户，包括悉尼香格里拉大酒店和迪拜国际金融中心四季酒店。澳大利亚高端度假租赁平台 Luxico 在 2017 年 8 月公司收购了总部位于旧金山的针对酒店的个性化对话 App Hello Scout，接下来将立即启用 Hello Scout 平台。Hello Scout 是一款针对酒店的基于短信的虚拟礼宾 APP，住客可以通过该 APP 与酒店当地专家进行实时的沟通。Luxico 自身运营着超过 200 个高档度假房源，其目标市场主要瞄准"VIP、家庭客和富裕的旅行者"，为入住在其高档度假房屋的住客提供 24 小时服务。

　　健康需求成为高端酒店客人不可或缺的新型奢侈品。不少酒店集团对投资健康领域很感兴趣。2016 年 12 月，雅高酒店集团（Accor Hotels）收购以奢华的酒店建筑和水疗服务闻名的悦榕庄酒店及度假村（Banyan Tree Holdings）5% 的股权。2017 年 5 月，希尔顿酒店集团（Hilton）推出了自带室内健身中心的客房 Five Feet to Fitness，有超过 11 种健身器材和配件，帮助游客在更加私人的房间内锻炼。

　　2017 年 1 月，凯悦集团以 3.75 亿美元收购健康度假村和水疗公司 Miraval Group，作为旗下新类别——健康型酒店的一部分。2017 年 9 月初，凯悦酒店集团宣布以不公开价格收购 Exhale。Exhale 成立于 2002 年，提供精品健身课程和水疗服务，在美国和加勒比海地区拥有 25 个网点。Exhale 以"为你在每天生活的城市提供健康服务"的理念闻名，现在希望把服务范围扩展到客户度假旅行的地方。收购后，Exhale 将继续以独立品牌运营，也将继续为现有的客户群在 Exhale 独立门

89

店和凯悦酒店平台提供服务。Exhale 现在主要分布在像洛杉矶，纽约和迈阿密等一线城市，但凯悦集团希望能把它扩展到更多度假酒店。一方面，它将出现在凯悦旗下的酒店内，进一步加强凯悦集团的价值主张。具体来说，凯悦集团将致力于扩大 Exhale 对消费者最具影响力的市场网点。另一方面，凯悦将把 Exhale 整合到凯悦现有的酒店组合里，对于不同的酒店还要具体分析如何安排。凯悦将 Miraval 描述为"为特定目的的消费者提供度假目的地的健康服务"；"而 Exhale 更多的是提供每日健康需求"。在未来，凯悦酒店集团将努力充分理解旗下这些品牌和其服务，第二步是让他们以正确的品牌、空间和环境呈现。有计划表示，凯悦集团可能会把 Exhale 与公司收购的高端房屋分享平台 Oasis 整合在一起。在某些地区，客户可在他们（从 Oasis）租赁的房子周围享受 Exhale 健身课程和会员服务。

美团点评旗下住宿分享平台榛果民宿推出"榛果管家"服务。"榛果管家"为房东提供标准化、专业化的保洁服务，让没有时间打扫房间的民宿房东可以轻松管理房源、接待房客。榛果民宿希望能为个人房东提供优质全面的服务，让分享变得轻松容易，让年轻人出行住宿有更多个性化选择。"榛果管家"采取全职制度，目前数百个管家分布于北上广深及杭州、成都 6 个城市。这些管家此前大多是专业保洁，也有退伍武警、家庭主妇，还有虽然没有任何保洁经验但是希望在榛果民宿这个平台不断发展的民宿爱好者。"榛果管家"具有年轻化特点，20 岁到 30 岁的年轻人占比 60% 以上，打破了人们心中认为保洁人员都是四五十岁阿姨的印象。成为一名"榛果管家"需要过三道关，第一关是正式面试，第二关需要进行为期 7 天的民宿知识、企业文化以及保洁实操培训，第三关是实操考试，质检合格以后，才能正式成为一名榛果管家。为了保障管家在每个城市的服务质量，榛果民宿在开通了管家服务的城市均设置了站点，对管家进行统一面试、招聘、培训和管理。"榛果管家"保洁卫生及检查标准，共有卧室、厨房、卫生间、客厅/餐厅、阳台/庭院/露台等 8 个检查点，包括更换床品平整无皱褶、地面清洁、物品按要求摆放整齐、下水畅通、绿植花盆内无杂物等在内的 46 项标准。管家在遵循 46 项标准前提下还可以根据房东需求提供更具个性化的服务。未来"榛果管家"会覆盖更多城市，榛果民宿还会推出房东服务体系，全方位服务房东。

而刚获得 Expedia 领投 2600 万美元 B 轮融资的初创公司 Alice，致力于向酒店销售经营软件，已经建立了一个旨在跨部门工作的平台，如客房部、工程部、保安部和前台与客人及其他员工之间的沟通。上海兔小二科技有限公司旗下的酒店运营服务平台致力于提供酒店行业互联网＋运营服务，平台分为酒店管家和出行助手两大系统。其中，兔小二酒店管家以布草租洗为核心业务，致力于为酒店运营提供整体解决方案。截至2017年8月，兔小二平台共入驻3522家酒店和80 430家商户。兔小二酒店管家宣布已经完成千万级Pre-A轮融资。

酒店哥哥聚焦于会议酒店的预订与服务。酒店哥哥专注酒店会场的搜索和预订业务，将有会务需求的人和会场供给的档期和价格通过移动APP方式进行对接，一站式解决了场地预订的难题。酒店哥哥秉持"无佣金、不加价、非中介"的品牌理念，"建免费高速路、做服务区生意"，提供的平台有两个特点，第一是用户可以看到酒店的最详细信息，包括酒店销售的手机号和酒店官网链接。很多客户使用这个APP自行完成交易。第二是整个过程完全不收取任何费用。鉴于整个市场里面细分领域非常多，而且需求各异。针对高频优质的大客户，酒店哥哥推出MeetingBest全套解决方案，针对低频中质的一些初具规模的客户提供DMC（地接服务及会务配套）担保解决方案，针对低频低价的中小企业需求提供免费帮订场地的服务，另外还为专业的社团会议市场提供PCO解决方案。平台大数据的运用帮助酒店哥哥更高效的开发和服务客户：系统会根据一些参数判断平台上的会议订单类型，分别提供不同细致程度的服务，如寻找各种资源和谈判议价等，确保整体服务水平和客户期望之间是均衡的。酒店哥哥主要盈利点有：平台广告费；酒店缴纳的GSO管理费；DMC管理公司的增值服务；向客户收取的SaaS软件费和服务费。酒店哥哥还引入利亚德光电作为合作伙伴，以帮助酒店哥哥建立资源型产品方面的竞争优势，为会务综合生态做更周全的布局。

## 二、住宿业的资源整合

随着国内高收入群体的崛起，这部分人群不再满足于"住酒店"，而是更加追求个性化、多元化产品体验。为了契合这部分人的需求，酒店集团纷纷创新住宿模式、产品模式和服务理念。在酒店价值链不断分化的同时，与之相对应的另一个趋势是酒店集团的资源整合日趋流行。酒店实施资源整合，打造生态圈等战略，需根据自身拥有的资源来推进，切不可盲目跟进。

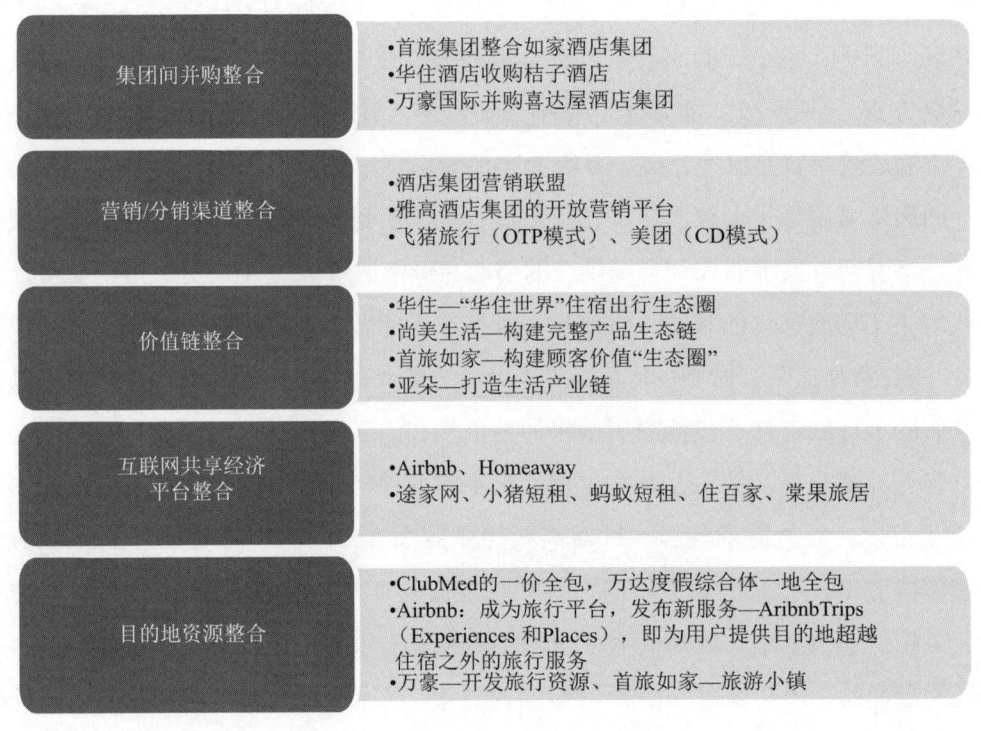

图7-1 住宿企业的资源整合

酒店集团对相关产业资源进行整合。部分酒店集团纷纷提出要建设生态系统，譬如首旅如家建设顾客价值生态圈，华住酒店集团提出构建互联网生态圈，住友酒店集团提出打造"互联网家"，尚美生活要构建完整产品生态链，亚朵酒店集团则是打造生活产业链等。

首旅和如家合并为首旅如家后，提出将坚持主营跨界创新，致力于打造顾客价值生态圈。首先，集团将继续发力住宿业务，形成以住宿为核心的业务平台，优先对接首旅集团旗下丰富的餐饮、娱乐、景区、交通、旅行社资源，对上下游产业链进行整合嫁接；其次，把握跨界创新先机，与各行业领先企业，进行密切合作，打造出一个覆盖吃、住、行、游、购、娱的顾客价值生态圈。

体验式消费已然成为酒店运营的新模式。当前国内外酒店的业务版图扩张大体集中在两个方面：一是上游联合供应商，构建 O2O 平台，酒店打造成"体验馆"。例如，国内首家社交型 O2O 酒店尚客优精选酒店把客房作为体验中心，将部分客房打造成为家居房，同时建立线上 U-shop 商城出售客房用品及当地土特产。美国 Aloft 酒店通过与零售商 Design Within Reach 签订合同，在 20 个门店展示和销售家居用品，促进酒店营销多元化。二是下游"开源"引流，切入更多生活化场景，打造生活消费生态圈。酒店不再是传统封闭的营业场所，而是伴随客户需求多元化逐渐向外辐射到更多的生活场景。例如，尚客优精选酒店把大厅作为消费中心，打造出自助餐厅、面吧、U-shop 礼品选购区、咖啡厅等四大功能区，同时服务于房客和社会散客，从被动待客转向主动引流。

## 三、住宿业与其他产业的跨界融合

### （一）酒店空间功能复合化

酒店空间的功能除了住宿、餐饮、娱乐外，正在重新挖掘空间价值，如强化其社交功能、健康体验、艺术展示、教育等多重功能（见图 7-2）。

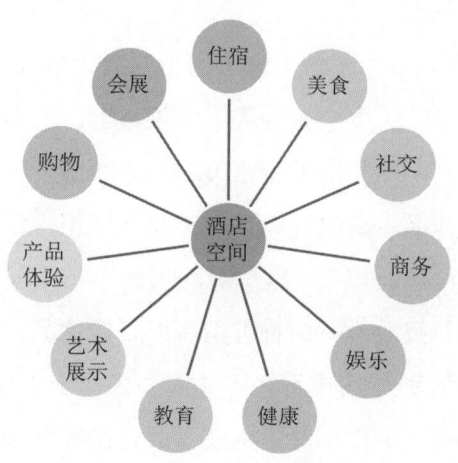

图 7-2　酒店空间价值多元化

以酒店与健康管理的融合为例。由北投健康管理医院、北投老爷酒店共创的台北国际医旅，以"全人健康"理念，依托兼具自然、人文的北投区，提供兼具健康、休闲及深度人文"度假概念"的观光医疗服务。这不仅仅引领台湾观光医疗新趋势，同时把健康旅程的概念融入温泉度假饭店的住宿、餐饮及休闲活动，在提供休闲度假的同时也促进健康的全新旅游服务形态。北投老爷酒店，是台北地区唯一规划多项馆内课程及馆外活动的酒店，以体适能运动、伸展放松运动、运动水疗池为三大主轴，设立有机精油的芳疗SPA、运动泉疗中心及多项休闲设施。作为台湾第一家"健康疗愈型度假酒店"，首创将健康旅程的概念融入温泉度假酒店的住宿、餐饮及休闲活动中，休闲度假同时也促进健康的全新旅游服务，实现优化健康生活的新旅程的概念，打造长远的健康"旅程"，顾客即使离开酒店，仍可展开全新的健康生活形态。北投健康管理医院，是台湾唯一命名为"健康"的医院，始终将"健康生活，尊荣关怀"经营理念牢记在心，坚持"视病犹亲"的宗旨，致力于发展具有特色的全人健康服务，专业的健康管理团队以及缜密的医疗网络，形成完善的医疗整合平台，更加有效、实时的提供贵宾健康管理、咨询及转诊服务。北投健康管理医院是顺应世界观光医疗产业发展潮流，首次结合温泉酒店、健康管理、美容医学三合一的创新服务，为目前台湾观光医疗产业开创了一个新的局面。

清迈帕瓦那度假酒店。酒店最大的特色就是拥有业界领先的排毒、瑜伽、冥想、养疗等项目，追求健康、有机、自然的理念。排毒是酒店最大的特色服务项目，酒店的排毒中心（Detox Center）被评为世界排名前十位的排毒中心，由具有国际水准的专业医生坐镇，医生会先为客人提供科学、严谨的前期咨询服务，然后再根据客人的体质情况制定出相应的排毒方案。方案主要分为两类：一类是每日定时定量服用特制的排毒饮品、蔬果汁；第二类是除服用排毒饮品、蔬果汁之外，还有大肠水疗排毒项目（灌肠排毒），这里灌肠用的不是任何药物制剂，而是用泰国北部自产咖啡豆煮出的新鲜咖啡。两种方案所配备的饮品、蔬果汁并不是完全一样的，至于自己适合采用哪种方案排毒，还是需要根据个人体质而定，比如：孕妇、哺乳期的女性、严重偏瘦、生理期等人士就不适合做灌肠排毒，所以就需要选择第一类排毒方案。

亚朵的"纵横"战略：亚朵提出"始于酒店，不止于酒店"。以酒店起步，从经营房间开始，进入到空间，走入人群。在亚朵，酒店不再是一个睡觉的地方，更像是一个生活空间，一个开放平台。亚朵的商业模式和传统酒店的不同之处在于以

第七章　住宿价值链：分化、整合与融合
Chapter 7　Lodging Industry Value Chain: Differentiation, Integration and Fusion

酒店作为流量入口，为用户打造一个生活体验平台。亚朵沿着两条轴线不断发展：①横向实现生态布局，在住宿场景上不断开拓创新。以人文酒店、城市旅行酒店为起点，不断开拓小型精品酒店、中长租公寓、度假空间、共享办公、城市精神空间等产品。目前亚朵已经发展出亚朵酒店、轻居、公寓、The Drama 四大住宿产品线。②纵向挖掘用户价值，在生活消费场景上不断渗透扩张。作为线下客流的重要入口，酒店可以搭售的生活服务内容也更多，酒店体验式 O2O 向周边生活服务进行横向整合的趋势也更为明显。亚朵以酒店为切入点，生活消费服务平台逐渐扩展到美食、购物、社交、旅游、教育、金融、商务等生活场景，融入社群、电商和金融三个元素，不断增强酒店住宿业务之外的生活场景的布局，实现了"亚朵酒店→亚朵生活"的转型。亚朵还将加大在技术、数据和算法的投入，深挖用户大数据，为用户提供个性化服务；加大布局全住宿产业链的力度，连接更多诸如书店、社交等生活场景，完善生活消费服务生态圈。

跨界融合包括住宿企业跨界进入其他领域和其他行业企业跨界进入住宿业。一方面，住宿企业跨界进入其他领域。在跨界思维影响下，部分酒店住宿企业开始向其他领域、其他方向、其他产业跨界发展，比如说金陵饭店集团进入到养老地产，把养老地产作为其未来非常重要的支柱产业，采用酒店和养老产业双支柱模式；首旅如家进军旅游小镇，锦江酒店集团跨界办公室，华住酒店集团投资联合办公等。还有一些进入到其他的领域，走得比较远一点的就是进入大健康产业、教育产业或娱乐产业等。最近，丽思卡尔顿酒店集团宣布进军奢华游艇与邮轮领域。

另一方面，其他行业也在跨界进入住宿业。如阿玛尼、范思哲、兰博基尼等这些奢侈品公司，它们来嫁接酒店，做高端奢华酒店。而家具类和生活类用品公司则跨界建造经济型和中端酒店，如做家具的宜家，与万豪国际合作打造经济型酒店品牌 Moxy，未来还计划进入中端酒店市场；又如做日常生活用品的无印良品（MUJI），现在也开酒店，进入中端酒店领域。此外还有其他行业公司，如平安保险提出要进入度假酒店的行业，达实智能为让客户体验和推广自己的智能化产品，计划建自己的酒店以展示和更好地体验其产品，阿里建造未来酒店等。

酒店住宿行业在往外跨，而同时很多行业公司在往酒店行业跨，正因为住宿业对新技术的应用和向其他行业的跨界，以及这些新鲜血液的注入，住宿行业才显得更加生机勃勃。

## 四、提升住宿产业链的附加价值

从住宿业产业链来看，在酒店、民宿等住宿接待业态之外，还包括酒店咨询与设计和资产评估与交易行业、酒店用品行业、酒店 PMS 系统和收益管理系统等软件提供商、酒店营销和预订等 OTA 渠道等整个酒店住宿产业体系（以酒店产业价值链为例，如图 7-3 所示）。产业链上各环节的发展水平也不均衡。

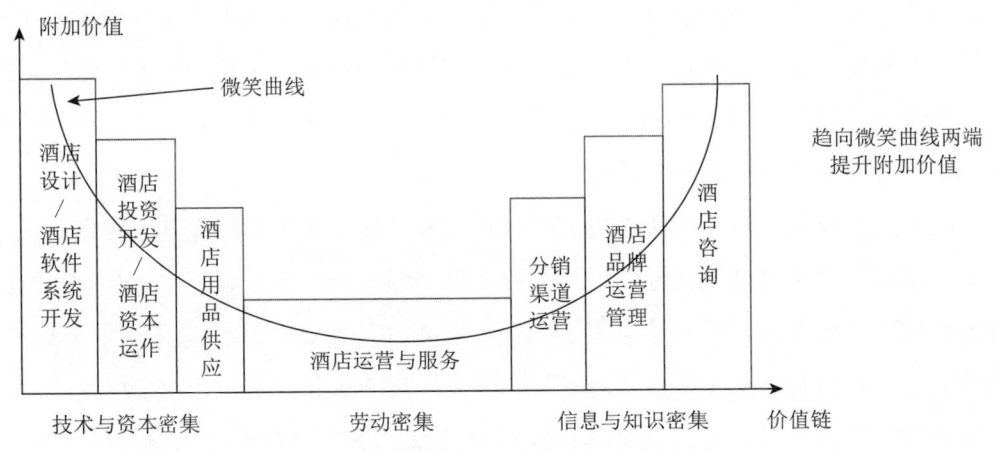

图 7-3　酒店产业价值链

目前，我国旅游住宿产业体系在国际分工中位势较低。我国住宿业总体规模巨大，在《Hotels》杂志公布的 2016 年排名中，按规模本土酒店集团有 8 家进入全球前 40 强。但就品牌影响力而言仍大而不强。一段时期以来，欧美发达国家是高端酒店品牌的主要输出地，东南亚新加坡、泰国等国家成为高端精品度假酒店品牌的输出地，如安缦、悦榕庄、GHM、阿里拉、安纳塔拉等品牌；中国在经济型酒店和中端酒店品牌领域近年来异军突起，但主要仍在国内发展。虽然中国香港地区文华东方、半岛、朗庭等高端品牌迅速崛起，但内地真正谈得上高端的品牌还很少。

从产业价值链角度看，我国在酒店咨询设计、评估和交易、品牌输出和运营管理系统，以及高端酒店用品的生产等，如大到厨房和工程方面的设施设备，小到客房布草和洗涤用品等领域，品牌竞争力都还不强。我国住宿业尚处于全球住宿业价值链的中低端，核心竞争力还不强，在国际上的话语权有待提升。

积极参与国际分工，不断拓展我国旅游住宿业的全球话语权和产业影响力。通过供给侧结构性改革，提升我国住宿业在全球住宿业价值链中的分工位势，争取更有利的分工地位。我国住宿企业经历了从模仿者到创新者，再到目前探索中国式创新的过程。要全面开启自主品牌发展的新时代，住宿企业需要文化自信，品牌自信，也需要业主对本土品牌自信，更需要消费者和媒体的相信和信任，构建有利于本土品牌成长壮大的沃土。要通过技术进步和技术创新，加强住宿业研发设计、标准建立及营销网络布局等，不断提升产业链上产品和服务的附加值，推动我国住宿业向价值链高端攀升。